石河子大学教育教学改革研究专项项目：构建"课程化的操舞类体育教学"三全育人"模式研究（项目编号：JGZY-2022-11）。

石河子大学2022年教育教学改革一般项目：深化新时代大学生体育评价改革与实践研究（项目编号：JGY-2022-065）。

石河子大学2023年教育教学改革一般项目：分层次教学法对提高大学生引体向上成绩的实验研究（项目编号：JGY-2023-70）。

高校体育教学设计与科学训练研究

薛瑞妮　王　丛　张静丽　著

群言出版社
QUNYAN PRESS

·北京·

图书在版编目（CIP）数据

高校体育教学设计与科学训练研究 / 薛瑞妮，王丛，张静丽著． -- 北京 ： 群言出版社，2024.4
ISBN 978-7-5193-0935-0

Ⅰ．①高… Ⅱ．①薛… ②王… ③张… Ⅲ．①体育教学－教学设计－高等学校 Ⅳ．① G807.01

中国国家版本馆 CIP 数据核字（2024）第 081723 号

责任编辑：高　旭
封面设计：知更壹点

出版发行：群言出版社
地　　址：北京市东城区东厂胡同北巷1号（100006）
网　　址：www.qypublish.com（官网书城）
电子信箱：qunyancbs@126.com
联系电话：010-65267783　65263836
法律顾问：北京法政安邦律师事务所
经　　销：全国新华书店

印　　刷：河北赛文印刷有限公司
版　　次：2024年4月第1版
印　　次：2024年4月第1次印刷
开　　本：710mm×1000mm　1/16
印　　张：12.25
字　　数：245千字
书　　号：ISBN 978-7-5193-0935-0
定　　价：60.00元

【版权所有，侵权必究】

如有印装质量问题，请与本社发行部联系调换，电话：010-65263836

作者简介

薛瑞妮，1984年1月出生，体育硕士专业学位，毕业于西安体育学院运动训练专业。2005年就职于石河子大学体育学院，从事健美操、啦啦操教学与训练。研究主持课题3项，参与国家级课题2项、厅局级课题4项，获评混合式教学优秀案例1项。

王丛，1978年8月出生，体育硕士专业学位。2001年就职于石河子大学体育学院，从事田径、游泳教学。国家级游泳裁判员，参与国家级课题2项，以及厅局级课题等。

张静丽，1988年1月出生，硕士研究生学历。2015年毕业于华南师范大学体育科学学院民族传统体育学专业。研究方向：武术教学训练理论与方法。

前　言

体育作为一门学科，既具有丰富的文化内涵，又是促进学生身心健康、全面发展的重要途径之一。只有科学地进行适合大学生成才的体育教学设计，才能有效促进学生自我锻炼认知的转变，达到全面提升学生的综合素质，助力学生德、智、体、美、劳协调发展的目标。在高校体育教学中，科学训练是提高学生体育素质和竞技水平的关键环节。基于此，本书对高校体育教学设计与科学训练展开了深入研究。

全书共七章。第一章为高校体育教学设计概述，主要阐述了高校体育教学设计的概念、特征、原则，以及高校体育教学设计的要求等内容；第二章为高校体育教学与科学训练理论指导，主要阐述了运动生理学、运动心理学、运动训练学理论指导等内容；第三章为高校体育教学过程设计与目标设计；第四章为高校体育教学内容设计与评价设计；第五章为高校体育教学方法设计与策略设计；第六章为高校体育运动教学设计与科学训练，主要阐述了足球、篮球、排球、健美操教学与科学训练等内容；第七章主要阐述了高校体育科学训练中的运动处方和高校体育科学训练中的损伤预防等内容。

笔者在撰写本书的过程中借鉴和吸收了许多前人的研究成果，参考了大量的文献资料，在此，谨向各位专家、学者和文献的原作者表示诚挚的谢意！

由于笔者的学识、时间和精力有限，书中难免有不足之处，敬请各位读者不吝赐教。

目 录

第一章 高校体育教学设计概述 … 1
第一节 高校体育教学设计的概念 … 1
第二节 高校体育教学设计的特征 … 6
第三节 高校体育教学设计的原则 … 9
第四节 高校体育教学设计的要求 … 14

第二章 高校体育教学与科学训练理论指导 … 19
第一节 运动生理学理论指导 … 19
第二节 运动心理学理论指导 … 30
第三节 运动训练学理论指导 … 38

第三章 高校体育教学过程设计与目标设计 … 50
第一节 高校体育教学过程设计 … 50
第二节 高校体育教学目标设计 … 64

第四章 高校体育教学内容设计与评价设计 … 75
第一节 高校体育教学内容设计 … 75
第二节 高校体育教学评价设计 … 88

第五章 高校体育教学方法设计与策略设计 … 101
第一节 高校体育教学方法设计 … 101
第二节 高校体育教学策略设计 … 116

1

第六章　高校体育运动教学设计与科学训练 ……………………………… 120

第一节　足球教学与科学训练 …………………………………… 120
第二节　篮球教学与科学训练 …………………………………… 134
第三节　排球教学与科学训练 …………………………………… 144
第四节　健美操教学与科学训练 ………………………………… 158

第七章　高校体育科学训练的运动处方与损伤预防 …………………… 164

第一节　高校体育科学训练中的运动处方 ……………………… 164
第二节　高校体育科学训练中的损伤预防 ……………………… 171

参 考 文 献 …………………………………………………………………… 185

第一章 高校体育教学设计概述

高校体育教学设计是体育教学工作的重要内容。高校体育教学设计应该是全面的、多样化的，能够满足学生多方面的需求。在设计中，我们要充分考虑学生的特点和兴趣，尽可能地让每个学生都能找到适合自己的运动项目。只有进行科学有效的教学设计，才能让学生在体育课程中获得良好的学习效果。因此，本章围绕高校体育教学设计的概念、高校体育教学设计的特征、高校体育教学设计的原则以及高校体育教学设计的要求等内容展开研究。

第一节 高校体育教学设计的概念

一、高校体育教学设计的相关概念

（一）高校体育教学的概念

高校体育教学是高等教育教学的一种，和所有教学一样，是一个有目的过程，致力于达到向学生传授知识和技能、发展其智力和体力、培养其品德和个性的目的。高校体育教学发展到今天，早已不限于学习中的体育活动，现在它涵盖了竞技运动和社会体育中一切以发展自身素质为目的的教学。

高校体育教学是一个复杂的系统，其中有主体、客体、对象等要素。每一个高校体育教学活动中都有教师、学生参与，他们是活动的双边主体，少了任何一方都构不成体育教学活动，他们是必备因素。另外，教师教授学生需要一定的材料媒介，即体育教材。体育教师不能凭空胡乱教授学生体育知识和技能，所有的教授都在参照体育教材的基础之上。以上三者在每一个体育教学活动中都是缺一不可的，它们就是构成一个高校体育教学系统的最重要的要素。它们相互联系、相互依存和相互影响。

（二）设计的概念

设计是指在解决问题、开发事物和实施方案之前进行系统化计划的过程。相比其他形式的计划，设计要求更加精确和科学。设计者必须进行细致而科学的系统规划，因为草率的方案可能引发不良后果，如浪费时间、人力、物力和其他资源，甚至危及生命。同样，糟糕的教学设计方案可能导致学习变得枯燥无味和无效，进而影响最终的学习目标。因此，设计需要科学合理，并遵循基本的标准。例如，建筑设计必须遵循"安全第一"的原则，考虑可能影响方案实施的多种因素。教学设计者也必须考虑各种可能影响教学效果的因素，逐一指出并阐述体育教学设计中应该考虑的因素，并将它们融入一个系统化的体育教学设计模式中。

设计追求创造性。即使几个建筑师在面对相似的项目条件时，他们提出的结构方案也可能千差万别，有些方案可能富有想象力和创造性，而另一些可能平淡无奇。那些富有想象力和创造性的建筑会给人留下深刻印象，而平庸之作则会很快被人遗忘。总之，设计几乎涉及人类社会的各个方面。为了达到目标，人们必须精心打造符合标准的方案。与此同时，任何有目标的活动领域都离不开人类的思考、判断、决策和创新。因此，设计的本质在于决策、解决问题和创造。

（三）高校体育教学设计的概念

高校体育教学设计是指在高等学校中对体育教学内容、教学方法、教学目标和教学资源等进行有计划、有组织的安排和设计的过程。它是为了达到促进学生全面发展的目标而进行的一系列策划和安排。高校体育教学设计旨在通过科学有效的教学方式，提高学生的运动技能、培养其团队合作和领导能力。设计过程中需要充分考虑学生的特点、兴趣和需求，制订适合每个学生的个性化教学方案。

在高校体育教学设计中，教师需要根据学生的不同水平和兴趣，选择适当的体育项目和教学方法，并结合学科、跨学科等内容，使体育教学与学生的专业学习相结合，实现综合素质的提升，并需要根据教学目标和教学计划，合理安排教学资源和时间。同时，也需要注重评价和反馈，对学生的学习效果进行评估，为教学的改进和调整提供依据。

二、高校体育教学设计的要素

一般认为,高校体育教学设计包括指导思想、教材剖析、学情了解、教学流程、场地与器材、安全防范和课时计划这七个要素。前六个要素用来对体育课程进行整体构思和分析,通常以文字形式呈现。而课时计划则是教学设计的核心部分,为课堂教学实践提供直接依据,通常以表格形式呈现。对高校体育教学设计的基本要素进行分析,主要涉及以下几个方面。

(一)指导思想

指导思想看起来虚无缥缈,与教学实际没有密切的关系,但它起着导航的作用,是开展高校体育教学活动的依据[①]。指导思想一般都会放在高校体育教学设计的首位。其撰写要求站位高,引领强,有针对性。指导思想可分为三个层次,宏观层次包括立德树人和全面发展等理念;中观层次涉及课程标准和课程目标等规定;微观层次则包括运用有球练习提高学生的球感,以及运用丰富多彩的教学手段促进学生蹲踞式跳远技术的提高等具体方法。

(二)教材剖析

教材是教学的载体,离开了教材,教学就无从谈起。高校体育教学设计中的教材一般是指狭义的教材,即教学内容。在进行教材分析时,首先要全面了解所选教材,然后深入分析其特点、功能、技术要领、难点及教学方法,同时考虑一些关联性因素。务必明确高校体育教学的具体内容、目的以及方法和手段。如果不对教材进行深入分析就展开教学,这样的教学将是随意和盲目的,无法真正为学生发展提供服务。

(三)学情了解

学生是课堂的中心,教学活动的出发点和落脚点都是学生。只有充分了解学生的学习情况,才能选择适当的教学内容,设定合理的教学目标,并采用恰当的教学方法和组织形式。学情了解包括三个方面:"学"是指学生的基本情况,如人数、性别和健康状况等;"情"是指学生学习的情况,包括课堂内和课堂外的情况;了解是在把握学和情的基础上进行深入分析。换句话说,虽然对学生基本情况的描述是必不可少的,但仅仅停留在描述学生的年龄、性别、生理与心理特点、兴趣、爱好等方面是不够的。我们还需要对与本节课密切相关的学生体能基

[①] 李德帆,赖巍. 体育教学设计基本要素及撰写规范[J]. 运动精品,2019,38(8):5.

础、技术基础、学法基础、锻炼习惯、学习态度等进行客观分析。这样才能实现描述和分析两个层面的叠加效应。在进行学情了解时，一定要将其与课堂教学紧密联系起来，避免出现放之四海而皆准的学情了解"真理"。

（四）教学流程

教学流程是指教学环节的步骤，主要指教师和学生在教与学之间的活动程序，通常是针对主要教材的教学步骤。然而，人们常常错误地将教学流程等同于课堂的整体流程，这是因为他们对于"教学"的概念理解有误。实际上，一节课中的所有活动并不都是教学环节，如课堂小结、放松活动、体能练习等都不具备教学性质，不能算作教学流程的一部分。

（五）场地和器材

场地和器材在高校体育教学中扮演着物质保障的角色，但同时也是安全隐患的集中地。为了确保教学的顺利进行和学生的安全，场地、器材需要满足以下基本要求。

高安全性：场地和器材的结构必须稳固可靠，没有明显的湿滑情况。要避免因器材安全性不足而导致的伤害事故，比如学生在使用已经断裂的单杠时摔伤，或者因慢跑时踩到水而摔倒等。

足够的面积（数量）：在实际条件允许的情况下，应增加学生的练习面积和设备数量，以提高练习密度，巩固技术效果。例如，在进行前滚翻练习时增加垫子的数量，这可以增加学生练习的次数。

合理的布局：场地和器材的布置要充分考虑教学内容、教学方法、学生特点以及教学环境等方面的要求。要让场地和器材更好地为教学服务，为学生的发展提供支持。例如，在进行篮球教学时，需要合理设置篮球场的位置和大小，以便学生更好地进行练习。

场地和器材是高校体育教学的重要物质保障，必须高度重视其安全性和有效性。在满足基本要求的前提下，应根据实际情况灵活调整和优化场地器材的使用和管理，以确保高校体育教学的顺利进行和学生的安全。

（六）安全防范

安全防范是高校体育教学设计中不容忽视的重要环节。其目的是降低体育活动中存在的身体伤害风险，保障学生和教师的安全。然而，在现实中，安全防范意识在体育课堂上并未得到充分树立，且经常被忽视。在设计安全防范规程时，应从多个角度进行分析，包括教材、教学、场地器材、生理和心理等方面，确定可能发生安全事故的因素。然后，针对不同类型的安全隐患采取有针对性且具体可操作的防范措施，真正做到防患于未然。要让"注意安全"从口号变成实际行动，并向着"安全防范到位"的目标迈进。

（七）课时计划

课时计划是教学设计的核心内容，也是课堂教学实践的重要依据。一份完整的课时计划应包括以下内容。

①教学内容：明确本课时的教学主题和内容。

②教学目标：明确学生通过本课时学习应达到的目标和要求。

③教学重点和难点：明确本课时的重点和难点，以及针对这些重点和难点的解决方法。

④课程内容和教学方法：详细描述本课时的课程内容和方法，包括教学内容的顺序、教学方法的选择以及教学步骤的设计等。

⑤教师和学生活动：明确教师和学生在课堂上的活动安排，包括教师的讲解、示范、指导以及学生的练习、思考、讨论等。

⑥组织形式与要求：明确本课时的教学组织形式和要求，包括教学时间的安排、场地和器材的布置、安全措施的制订等。

⑦时间、次数和强度：明确每个教学内容的时间、次数和强度，以便科学合理地安排教学进度。

⑧练习密度和负荷预计：根据教学内容和学生实际情况，预计学生的练习密度和负荷，以确保学生的身体健康和教学效果。

⑨课后反思：对本课时的教学进行总结和反思，以便更好地改进和完善教学设计。

在制订课时计划时，需要避免使用模糊不清的表述，如"进一步提高学生蹲踞式跳远的技术""初步掌握篮球肩上投篮动作""通过本课学习，能使学生排球技术大幅度提高"等。这些表述不仅不够具体，而且难以衡量和评估学生的学习成果，容易导致课时计划失去其作为教学依据的本质意义。

第二节　高校体育教学设计的特征

高校体育教学设计与体育教学理论、体育教学法以及教师的教案有一定的联系，但同时也存在一些区别。首先，高校体育教学理论的研究范围主要集中在体育教学在整个教学活动中的地位和作用、教学的目标和任务、教学过程、教学原则、教学内容、教学手段和方法、教学组织形式，以及对教学效果和学习成绩的评估等方面。这些研究领域共同构建了高校体育教学的理论体系，为全面理解体育教学提供了视角。其次，高校体育教学设计则更侧重于具体的教学活动和操作层面。它以体育教学理论为指导，结合学生的实际情况和教学环境，对教学目标、教学内容、教学方法、教学组织、教学评价等进行具体的规划和安排。此外，体育教学法和教师的教案也是高校体育教学设计的重要参考因素。体育教学法是实现体育教学目标的途径和方法，是联系体育教学理论和体育教学设计的桥梁。而教师的教案则是教师根据教学理论和实际情况，对具体课程进行详细规划和准备的重要工具。

总的来说，高校体育教学设计与体育教学理论、体育教学法以及教师的教案既存在区别，又相互联系。它们共同构成了高校体育教学的完整体系，为提高体育教学质量和效果提供了坚实的理论基础和实践指导。就高校体育教学设计工作本身来说，它具有以下特点。

一、系统性

高校体育教学设计是一项科学而严谨的工作，其系统性能充分展现出高校体育教学设计的特点。在进行设计时，首要任务是对教学问题进行全面且深入的分析，并在此基础上明确教学目标。然后，以这些确定的目标为核心，对教学的各个环节进行设计，以确保目标、策略和评价之间的高度一致性。从整体功能的角度来看，高校体育教学设计并非按照线性的步骤依次进行，而是不断循环、相互补充的过程。在这个过程中，要充分考虑教师、学生、教材、媒体和评价等各个因素在高校体育教学中的地位和作用。

二、灵活性

高校体育教学设计具有灵活性。虽然高校体育教学设计的过程往往需要遵循既定的流程，以确保设计的系统和完整性，但在实际操作中，通常需要根据具体情况和需求进行灵活的调整。有时候，可能无法或无需完全按照流程图的线性程序进行工作。在开展高校体育教学设计时，应具备敏锐的判断力，根据特定的情境和要求，选择性地确定工作的起点和重点。需要明确哪些环节是关键所在，哪些环节可以略去或暂时放置。这样能够因地制宜地进行高校体育教学设计，以满足特定的需求并实现理想的效果。

三、科学性

高校体育教学设计是一门科学，而科学的本质在于追求真理和规律，所以在高校体育教学设计中，要利用体育专业理论、教育传播理论、教学媒体理论和教学评价理论的指导，运用人体生理学、体育保健学、运动生物化学、体育心理学、体育教学理论等学科知识，按照教育教学的基本规律进行教学设计。

高校体育教学设计的科学性在于寻求真理和规律，始终围绕学生的学习发展和教学效果进行设计和调整。只有在科学的体育教学设计的指导下，才能更好地提高高校体育教学的质量，推动学生的全面发展和健康成长。

四、艺术性

高校体育教学设计具有艺术性。高校体育课程的设计是一门展现创造力的艺术。就像艺术创作一样，高校体育课程设计的吸引力在于创新能力。在此过程中，高校体育教师需要充分考虑多样的教材、学生以及教学环境，发挥自身的专业才能，进行具有创新性的实践。

为了提升设计的科学水平，在高校体育教学设计中必须遵循科学的理论指导。同时，也要发挥教学设计的艺术特色，不断创造高校体育教学中的艺术之美。通过这种方式，能够实现高校体育教学设计的整体系统性，以达到理想的教学效果。

五、超前性

高校体育教学设计是在进行体育教学之前，事先对体育教学所做出的一种安排或策划，即体育教学设计在前，体育教学在后，所以说高校体育教学设计具有一定的超前性。例如，体育教师在上一堂体育课之前，必须设计出这堂课的教学方案。从本质上讲，高校体育教学设计只是体育教学活动的一种设想和预测，它对体育教学活动中的一切要素进行构想，并提出解决问题的方案，它是体育教师在进行体育教学之前对体育教学所做的安排或策划。具体来说，高校体育教学设计是对即将进行的体育教学中可能产生的问题进行分析，是根据体育教育、教学理论和学生的学习需求，针对可能发生的问题提出解决方法的一种设想。

六、差距性

高校体育教学设计是在体育与健康课程理念和体育学习需要指导下形成的一种实施方案。在方案实施过程中会出现许多难以预测的情况。这是因为，高校体育教学设计者对体育教学中可能出现的问题的理解、对现有条件的分析、所采取的解决问题的方法等都具有一定的差异性。

高校体育教学设计的差距性特点，使得体育教师在教学过程中要时刻根据具体的教学情况调整教学方案，以适应不断变化的教学要求，这主要表现在以下两个方面：一方面，高校体育教学设计以体育与健康课程理念为基础，以学生的体育学习需要为基础，对体育教学实践活动具有重要的指导意义；另一方面，高校体育教学过程具有一定的复杂性和多变性，高校体育教师在体育教学设计中不可能完全考虑周全，体育教学设计者设计出的教学方案不能全面概括教学实践，不能完全解决实际教学中存在的各种问题。

七、创造性

高校体育教学目标的多元化、体育教材的多功能性、体育教学方法的多样化等决定了高校体育教学过程具有复杂性和不确定性的特点。因此，体育教师在教学活动实施之前完全按照教学计划开展活动是不现实的。高校体育教学设计必须有一定的创造性，只有这样，才有可能充分解决教学中存在的问题。

作为高校体育教学的一种特质，高校体育教学过程的变化性为体育教学设计提供了一定的开放空间。因此，高校体育教学过程就是发展学生创造能力和培养教师创新精神的过程。高校体育教学设计的创造性对体育教师的专业能力和专业素质提出了较高的要求，要求体育教师能够创造性地解决体育教学活动中出现的问题，对培养和增强学生的创新意识和创新能力具有重要的意义。

体育教师要具备一定的创新能力，必须打好以下基础：第一，必须具备扎实而丰富的文化基础知识；第二，必须具备出色的专业技术和能力；第三，必须具备创造性的思维和想象力，创造力是体育教师教学执行力的重要组成部分。

第三节　高校体育教学设计的原则

一、高校体育教学设计的基本原则

高校体育教学设计的基本原则主要体现在以下几个方面。

（一）系统性原则

在高校体育课堂教学设计过程中，系统性原则是指要将系统论的思想贯彻始终，并将教学设计视为一个有机整体。系统论是高校体育教学设计的重要理论基础，因此教学设计需要遵循系统性原则。

高校体育教学是一个由教师、学生、教学方法、教学内容等多个要素组成的整体系统。在高校体育教学设计中，需要从整体的角度出发，运用系统观点，仔细分析和研究教学活动中各要素之间的相互关系，比较不同要素组合产生的效果，选择最优的教学方案，以达到最佳的教学效果。如果忽视系统性原则，只关注教学活动中的某一方面，简单地满足某种需求，就无法实现体育教学的优化目标。例如，在篮球教学过程中，如果没有充分了解学生的体育基础和运动兴趣，教师主观地制订过高的教学目标，大多数学生就无法完成，从而影响教学效果。因此，在进行高校体育教学设计时，不可忽视系统论的思想，应从整体的视角来分析各要素之间的关系，并严格遵循系统性原则，以确保高校体育教学设计的科学性和可行性。

（二）目标设计的综合性、具体性与侧重性相结合的原则

综合性、具体性与侧重性相结合的目标设计原则指的是在体育课堂教学目标的制订过程中，需要综合考虑认知、情感和技能等多个方面的目标，同时突出某一方面，使其作为课程的核心目标。此外，教学目标的描述应具备可操作性，以便于实施和评估。

教学目标是课堂教学设计的基本要素，不仅是教学活动的起点和教学过程的指南，也是评价教学效果的重要依据。过去高校体育教学目标设计存在两个问题：第一，目标过于单一和抽象，过分关注运动技能目标，忽略其他领域目标的设计，高校体育教学应更综合地关注教学目标；第二，传统的高校体育教学目标描述模糊，难以理解和实现，如"通过练习，培养学生的跳跃能力"等。教师需要认真

分析研究这些上位目标，制订年级目标、单元目标和课堂目标，在各个层级上逐步明确目标，设计可操作的体育课堂教学目标。同时，需要说明的是，综合性并不意味着每节课都要考虑所有领域的目标，而要根据教学内容的特点和教学阶段选择几个适当的领域目标进行设计，而且目标设计应该有所侧重。

（三）评价设计的多样性与针对性相结合原则

多样性与针对性相结合的评价原则是指在高校体育教学评价设计中，需要采用多种评价形式，同时突出重点评价方法。多样性包括评价内容的多样性、评价方法的多样性和评价形式的多样性。评价内容的多样性涵盖了运动技能、运动参与、身体健康、心理健康和社会适应五个方面，以改变以往过于强调技能评价的偏差，全面评价学生的学习状况。因此，教师在设计学习评价过程中需要从多个角度来评估学生的成绩，并且学生应该在具体的评价内容上拥有一定的选择权。学习评价内容包括体能评价、知识与技能评价、学习态度评价、情意表现与合作精神评价、健康行为评价等。

多样性的评价方法要注意将定量和定性评价相结合，过程性和终结性评价相结合，绝对评价和相对评价相结合。此外，在评价形式上，在重视教师评价的同时，也要注重学生的自我评价和相互评价。针对性评价是指根据教学目标、教学方法、教学进度以及学生特点等各种条件，选择适当的评价方法。

（四）运动负荷的合理性原则

运动负荷的合理性原则是指在高校体育教学设计中，始终要以保证学生承受安全运动负荷为前提。高校体育教学以身体活动为主要方式展开教学，与其他学科的教学方式有所不同。人体的身体活动规律是基于生理机能活动能力的变化规律。

在进行教学设计时，教师需要首先明确学生所处的年龄阶段，并根据这一阶段的特点合理安排负荷量和强度。无论学生处于哪个年龄阶段，都需要遵循人体生理机能变化的三个阶段来设计运动负荷。例如，在课堂开始和结束阶段，不宜安排负荷量过大的活动，以免对学生的健康造成伤害。

为了确保学生能够适应和承受运动负荷，教师还需要根据学生的身体状况、运动能力和兴趣特点来个性化地安排活动内容。同时，教师应密切关注学生的身体反馈和表现，及时调整运动负荷，将其保持在适当的范围内。

在体育教学中运动负荷的合理性原则非常重要。它不仅可以保障学生的身体健康，还能提高学生的运动能力和兴趣，促进他们全面发展。因此，教师在高校体育教学设计中应始终将该原则融入其中，为学生提供安全、有效的运动学习环境。

二、高校体育教学设计的特殊原则

高校体育教学设计的特殊原则是指从对高校体育教学设计更高的要求出发，设计出更具趣味性、创新性的高校体育教学设计。基本原则属于优先级的原则，通常相对稳定，不容易被改变。特殊原则可以根据实际情况进行调整和修改。但是，特殊原则也同样重要，对更加优质和更高要求的高校体育教学设计来说能起到很重要的作用。

（一）目标导向原则

目标导向原则是指在高校体育教学设计中，必须紧密围绕体育教学目标进行。所有的教学环节设计都应以目标为导向，确保实施过程中的教学行为与目标高度一致，为目标的实现提供服务。体育教学目标是由体育与健康课程目标所决定的。从课程目标到水平目标，再到学年目标、学期目标、单元目标，直至课时目标，形成了一个系统的教学目标序列。

高校体育教学设计是一个通过解决问题来实现体育教学目标的准备过程。因此，在开始体育教学设计之前，我们需要仔细解读体育与健康课程目标体系，理解体育教学的宏观目标，并找到实现这些目标的具体步骤。此外，还要深入教学实际进行调查，了解教学中存在的问题，明确问题的性质，分析学习者的学习需求、特点和初始能力，从而确定课堂教学的具体目标。为实现这些目标，我们需要选择适当的手段和方法、研究解决问题的途径、设计实施程序，然后用体育教学设计方案的形式呈现出来。这样做的目的是解决体育教学问题，实现体育与健康课程目标，并最终达到提高教学质量和效果的目的。

高校体育教学设计在体育教学过程的早期阶段，起着宏观调控、指导和定向的作用，它详细阐述了体育教学目标实现的过程。这种设计的优劣直接决定了体育教学过程和教学效果的质量。高校体育教学的目的就是帮助学生从起始状态（学生目前的实际情况）过渡到目标状态（学生学习后达到的结果）。体育教学设计就是为制订科学、合理的教学实施方案，高效地帮助学生实现这种状态的过渡。因此，高校体育教学设计的每一个环节、每一个步骤都要考虑教学目标实现的功能和作用效果，检查是否有利于学生的健康状态、社会适应能力向目标状态的高效过渡。

（二）整体优化原则

在制订高校体育教学方案时，应该以追求整体最优化为目标，将体育教学的每个要素、每个部分和每个环节都纳入整体设计中。通过协同合作，实现对体育教学方案整体功能的优化。此外，还需特别关注各要素之间结构和功能的相互匹配，以确保体育教学设计的合理性和有效性。最终，通过精心策划和优化，我们就能够设计出优秀的教学方案，使体育教学达到预期的效果，满足学生的学习需求并实现体育教育的目标。

高校体育教学设计的整体优化集中表现在设计和组织教学两个方面。它包括以下四个最基本的要素：分析教学对象、制订教学目标、确定教学策略、安排教学过程。高校体育教学设计的整体优化原则要求把体育教学设计作为一个整体加以考虑。应从整体与要素、要素与要素之间的相互联系和相互作用，以及体育教学设计系统与外部环境的制约关系中去理解其特征与规律。为了更有效地进行体育教学设计，我们需要运用系统的思想和方法，将影响教学效果的各个因素视为一个整体的一部分。在此基础上，我们应对体育教学设计过程的各个环节及其相互关系进行深入的分析和探讨，以确保设计的合理性和有效性。

（三）趣味性原则

趣味性原则是指在进行课堂教学设计时，应让学生感到学习是愉快且有趣的。不论选择何种教学内容，教师都应时刻铭记教学设计要尽量让呈现给学生的知识、技能具备一定的趣味性。这一原则的依据是学习理论，强调了兴趣在学习过程中的重要性。现代学习理论认为影响学生学习的因素不仅包括智力因素，还包括非智力因素，如动机、兴趣、情感和态度等。体育教学内容大多起源于各种游戏，因此，它拥有与生俱来的趣味性特点。通过在教学过程中充分利用游戏元素和活动方式，教师能够激发学生的学习兴趣。例如，设计有趣的体育游戏、运动挑战和团队合作活动，可以让学生在愉快的氛围中学到知识和技能。

同时，趣味性原则还可以提高学生的学习动机。当学生感到学习有趣且有意义时，他们更有动力去参与和努力学习。教师可以巧妙地设计课堂活动，通过创造性地设置情境、设立挑战和奖励机制，激发学生的自主性和积极性。在轻松愉快的氛围中，学生会更加主动地积极参与，提高学习效果。

（四）灵活性原则

灵活性原则要求高校体育教学设计要符合体育教学的发展，灵活多变。体育教师需遵循教学设计的灵活性原则，有以下三方面的原因：首先，高校体育教学活动受外界环境的影响较大，如场地、季节、气候等，高校体育教学设计要根据实际情况做出适当的调整；其次，高校体育教学过程中师生、学生之间人际交往复杂，角色不断发生变化；最后，在高校体育教学活动中，学生的身体、心理是在不断发展和变化的，高校体育教学设计方案也应根据实际情况做出适当的调整。

（五）程序性原则

在高校体育教学设计中，需要根据学生的实际情况，遵循体育教学规律，有序地安排教学内容和选择适当的教学策略，这就是程序性原则。不同的体育教学理念会导致高校体育教学设计在指导思想、重点和结果方面有所不同。体育教学设计是体育教师科学素养和教学思想的具体体现，也是一个系统决策的过程。

在高校体育教学设计中，需要将体育学习的过程进行合理编排，以促进学生原有的认知结构、动作技能、健康水平和身体素质向新的体育学习内容转化，并帮助动作技能的良性迁移，促进学生学习和社会适应能力的形成。高校体育教学设计实现程序化是一个非常困难的过程。因为体育教学目标体系是多元化的，体育教学内容与体育学习目标呈非线性关系。体育教学内容基本是依托体育项目，因此难以形成有序性，加之体育教学环境复杂，不可预测因素多，也使体育教学设计难以程序化。因此，高校体育教学设计的程序性不但要求体育教学设计者把握学生认识过程规律、动作技能形成规律、身体发育规律、身体适应规律，深入了解学生的知识学习基础、身体基础、动作技能基础、体育学习态度，还要求教师根据现有教学环境条件，研究体育教学内容体系，编制体育教学步骤。

（六）创新性原则

创新性原则是指在高校体育教学设计中，对常规或传统的体育教学理念、内容、方法和策略进行超越。这包括引入新的教学理念、更新教学内容、采用新颖的教学方法等。通过创新，高校体育教学设计能够更好地适应时代的发展和学生的需求，提高教学质量和效果。同时，创新还能够促进体育教学的改革和发展，推动其不断进步。高校体育教学设计的创新不仅能够有效地挖掘教学资源和提高教学效率，从而实现体育教学的低耗高效，而且能够为学生创新意识和创造能力的发展营造氛围、创设空间。高校体育教学设计的创新性原则要求体育教师必须具备一定的创新性思维，这样才能设计出新颖的高校体育教学方案。

第四节　高校体育教学设计的要求

一、高校体育教学设计的基本要求

（一）高校体育教学设计要体现素质教育理念

自20世纪80年代末以来，中国教育界发生了根本性的变革，从传统的应试教育转向了新型的素质教育。这种变革在高校体育教学中尤为显著，教学设计需要与素质教育的要求相一致，重视师生关系中的民主、平等和合作原则，并着重培养学生的创新精神和实践能力，这些成为素质教育的核心特点。在这一背景下，高校体育教学设计必须符合素质教育的发展需求。在设计过程中，应充分尊重学生的主体地位，使教学有利于调动学生的学习积极性，激发学生的学习兴趣。

1. 强调以学生为中心

明确以学生为中心对教学设计有着至关重要的指导意义。高校体育教学设计应将学生放在首位，要求教师在教学设计中重视学生的学习，重视学生的学习过程。具体来说，教学设计应当以学生的需求为基础，考虑他们的身心发展，将教学视为一种方法、一种情境和一个过程。学生是教学的主体，教学内容、教学过程和教学步骤等都需要满足学生的需求。设计的目标是引导和启发学生，充分开发他们潜藏的探究知识的能力，使学生能够主动地发现问题、探究问题并解决问题，充分发挥学生的主观能动性。

2. 坚持"以人为本、健康第一"的教育理念

"以人为本、健康第一"的教育理念是在素质教育的基础上提出的，它是专属于体育学科的教育理念，明确了体育教学改革的方向，也成为素质教育研究中的热点议题。这种理念强调以人为本，关注学生的身心发展，致力于培养学生的体育精神和体育技能，提升学生的综合素质和社会适应能力。

在高校体育教学设计中，应该积极探索健康教育的路径，将健康与体育教学有机结合，实现学生在身体、心理、道德等方面的全面发展。教学设计中，教师注重营造愉悦的学习氛围，激发学生的学习热情和兴趣，引导学生树立正确的价值观，培养学生的自主锻炼意识和自我管理能力，提高他们的综合素质和社会适应能力。

3. 体现"终身体育"指导思想的要求

"终身体育"理念强调通过高校体育教育培养学生的体育兴趣、积极态度和爱好，使他们掌握健身方法，具备持续进行体育锻炼的能力，为毕业后的健康生活做好准备。这一思想体现了可持续发展的时代理念，受到全球高等教育界的高度重视。

以"终身体育"为目标的高校体育教育，是深化体育教育改革、科学化体育人才培养、社会化体育教育的有效途径之一。其最终目标是使学生具备良好的体质和健身习惯，以及独立从事社会服务的能力。

高校体育教学设计应当充分体现"终身体育"理念，重新定位体育教学过程，探索新的发展思路和理念，实现体育人才培养的可持续发展。教师还应注重培养学生的健康观念和健身习惯，引导他们树立正确的价值观、保持良好的生活态度。

（二）高校体育教学设计要有吸引力

为了激发学生参与体育的动机，可以采取一系列措施。首先，应加强对大学生的体育功能观教育，培养他们对体育的兴趣。同时，应丰富体育教学内容。其次，体育榜样可以对学生产生积极影响，可以通过讲述体育明星的故事来激发学生的运动动机。此外，将各种体育器械作为健身手段，以及将体育器械或动作作为体育游戏的载体，都能激发学生的运动动机。

在教学过程中，应始终贯彻以学生为中心的教学理念。教师需要密切关注学生的学习方式，特别是在培养核心素养方面，应积极培养学生的主动学习精神。教师可以通过精心的教学设计，激发学生的好奇心和创造力，引导他们积极参与学习过程，提升他们的理解能力和综合素质。例如，教师可以设计观看奥运会比赛视频的教学环节，特别是中国队取得冠军的精彩视频。在观看过程中，教师可以运用相关规则对比赛进行深入解读和评价，这不仅可以提高学生的项目认知水平，还能提升他们的规则运用能力、评价能力。此外，通过这种方式，学生还能更深入地了解我国的体育明星，增强文化自信和民族自豪感。

（三）高校体育教学设计要注重全体学生的发展

1. 高校体育教学设计要面向全体学生

在过去，少数高校体育教师只针对具有体育特长的学生开展体育教学，主要目的是在运动会上获得奖牌。在教学设计中，他们没有充分考虑全体学生的普遍需求，导致很多学生无法达到技术要求，对体育缺乏兴趣。

随着素质教育的不断深入，学校人才培养模式发生了巨大变化，从单纯培养少数体育特长生转向重视全体学生的发展。要求每个学生都在身体素质、体育知识等方面得到全面发展。这样的变革对体育教学设计提出了更高的要求，需要高校体育教师更加努力地投入精力，深入了解学生的情况，并根据他们的特点设计出差异化的体育教学方案，以满足不同学生的体育学习需求。

2. 高校体育教学设计要实现学生的全面发展

有些体育教师过于偏重体育知识和技能的传授，并将考试成绩视为评估体育教学效果的唯一标准。然而，现代人才培养要求高校体育教学既要传授基本知识和技能，也要注重培养学生的能力，实现知识和人格的相互协调。因此，在进行高校体育教学设计时，体育教师应从新的人才培养模式出发，关注学生知识、技能、能力和个性品质的全面发展。特别是在确定高校体育教学目标时，应该涵盖新课程标准中提出的运动参与目标、运动技能目标、身体健康目标、心理健康目标和社会适应目标。通过科学合理的高校体育教学设计来促进学生的全面发展。

3. 高校体育教学设计要根据学生的特点来进行

学生的体育学习活动是检验教学目标能否实现的标准之一。学习效果是判断教学内容是否科学合理的关键。教学组织形式、方法和手段的可行性都应以学生为中心，关注他们的学习效果。现代体育学科的发展强调重视学生的兴趣和身心发展，以此为出发点进行体育教学设计。作为学习主体的学生，他们在学习过程中有着各自的特点和需求。因此，为了确保高校体育教学设计的成功，我们必须从学生的实际情况出发，深入了解他们的身心发展状况，这其中包括了已有的知识结构、体育技术水平、兴趣爱好、能力倾向以及学习前的准备情况。

第一，学生已有的知识结构和体育技术水平会对高校体育教学设计产生影响。因此，在设计教学目标、安排教学内容、选择适当的教学组织形式和方法时，要充分考虑学生已有的知识结构和体育技术水平。

第二，学生的体育学习准备是影响高校体育教学设计的关键因素。这包括学生在开始新的体育学习时，他们对于新内容的适应程度。学生的学习准备是进行新内容教学的基础和起点，因此设计体育教学时应充分考虑该因素。

首先，学生的年龄、性别、身体发育水平和体质状况是不可忽视的因素。不同阶段的学生在身体发育和体质方面存在差异，这直接影响到他们对体育教学的适应性和学习效果。

其次，学生的体育学习风格，即学生对体育知识技能的感知和处理速度、处理方式等，也是重要的影响因素。不同的学生有着不同的学习风格，这直接决定了他们学习体育知识及技能的方式和效率。

最后，学生已有的体育知识、体育学习动机、个人对体育学习的期望等方面的特点也是影响体育教学设计的因素。这些因素决定了学生对体育学习的态度和兴趣，以及他们在学习过程中的积极参与程度。

在进行高校体育教学设计时，要充分考虑以上各方面因素，以确保教学内容和方法符合学生的实际情况和需求。

（四）高校体育教学设计要运用多种教学组织形式和教学方法

随着体育学科的持续发展和进步，高校体育教学逐渐引入了许多新的教学组织形式和教学方法手段，使得课堂教学更加丰富多元。为了满足素质教育的需求，高校体育教学设计也应该向着多样化方向发展，通过引入更多新颖的教学元素，激发学生的兴趣和热情，提高教学质量和效果。

例如，教师可以根据学生的兴趣爱好和特长，将学生分成不同的学习小组，采用分组教学的方式，针对每个小组的特点和需求，设计不同的教学内容和方法。这种分组教学的方式可以更好地满足学生的个性化需求，让他们在适合自己的学习环境中得到更好的发展。

（五）高校体育教学设计要强调协作学习的作用

在高校体育教学设计中，要强调协作学习对学习的作用。建构主义理论认为学生在与周围环境的交互作用，对学习内容的理解起着关键性的作用。因此，体育教师应该通过协作学习的方式，让学生能够积极参与到学习活动中去。素质教育的核心理念是提高学生的综合素质和综合能力。在体育教学中，学生不仅需要掌握相关的体育知识和技术，还要培养合作精神。

通过协作学习，学生可以在教师的组织和引导下，与同学们一起练习、学习，共同建立学习群体，共同完成对所学知识和体育技术的领会、理解和掌握。首先，它能够提高学生的学习效果。学生在协作学习中可以相互交流、讨论，从而加深对知识和技术的理解。其次，协作学习能够促进学生的社交能力并培养合作意识。通过与他人合作学习，学生可以学会如何与人合作、协调和沟通，培养出良好的团队合作精神。此外，协作学习还能够培养学生的批判思维和问题解决能力。在协作学习中，学生需要思考和解决问题，这能够培养他们的批判思维和解决问题的能力。

二、高校体育教学设计应注意的问题

（一）高校体育教学评价应将终结性评价与过程性评价相结合

在进行高校体育教学设计时，既要一如既往地注重终结性评价，恰当地发挥评价的甄别功能，又要强化过程性评价，强化评价的激励、发展功能。

课程评价的构建要素包括评价主体（教师与学生）以及评价对象（教师设计的教学过程与学生实际进行的学习过程）。这些部分涵盖了以下几个方面：教师对学生的学习过程评估、学生自我学习过程的评价、学生对教学过程的评估以及教师对教学过程的评估。

（二）高校体育教学设计应避免"假、空、虚"

体育课程的核心职责在于传授运动技能和提升学生的身体素质。传统体育课程的"三段式"教学模式有其自身的特点。当前出现了体育课分段越来越细的情况，这对于深化体育课教学改革和提高体育课教学质量起到了一定的作用。然而，部分体育教师过分追求教学设计的多样化，忽视了高校体育教学的根本目标，导致整个体育课教学过程的"假、空、虚"现象，这是值得我们关注的。如果分段过多，所涉内容浅尝辄止，将难以显现教学成效，甚至沦为形式主义，这是高校体育教学设计需规避的问题。

第二章　高校体育教学与科学训练理论指导

高校体育教学在促进学生全面发展和身心健康方面扮演着重要的角色。为了提供优质的体育教育和有效的训练，科学的理论指导成为不可或缺的一部分。在高校体育教学中生理学、心理学、训练学都起到至关重要的作用，它们能够帮助教师依据学生的生理、心理情况，设计合理有效的体育教学方案，也可以帮助学生充分体会到体育运动的乐趣，从而最大化地激发他们的运动热情，实现体育教学与科学训练的目标。本章围绕运动生理学理论指导、运动心理学理论指导和运动训练学理论指导等内容展开研究。

第一节　运动生理学理论指导

一、运动生理学理论

（一）运动与供能系统

1. 人体物质能量储备

人体通过消化系统摄取必要的能量物质，这些物质在人体中通过生物氧化反应，分解成一些代谢物，同时释放出大量的能量，这些能量通常大部分以热能的形式释放于体外，还有一部分则转化为化学能，储存在一种被称为三磷酸腺苷（ATP）的高能磷酸键中。人体活动的直接能量就源于 ATP 的分解，肌肉收缩需要 ATP 供能，消化管道的消化和吸收都需要 ATP 供能。ATP 的重新合成需要糖、脂肪和蛋白质的氧化分解供能。ATP 的再合成就其供能系统而言，主要有以下三种。

第一，磷酸原系统（二磷酸腺苷—磷酸肌酸，ATP-CP）。它是由细胞内的 ATP 和 CP 这两种高能磷化物构成的，具有供能绝对值不大、持续时间很短的特点。

但是，它供能快速。因为 ATP 是体内唯一的直接能源，所以其能量输出功率最高。

第二，有氧氧化系统。有氧氧化系统能生成丰富的 ATP，不生成乳酸之类导致疲劳的副产品，它是人进行长时间体力活动的主要供能系统。

第三，乳酸能系统。乳酸能系统又称为无氧糖酵解系统。它的能量产生是靠肌糖原的无氧酵解，最后产生乳酸，而放出的能量由二磷酸腺苷（ADP）接收，再合成 ATP，它是在机体处于缺氧情况下的主要能量来源。乳酸能系统对人体进行能量供应，它的作用与磷酸原系统一样，能在暂时缺氧的情况下迅速供能。在进行不同项目的训练时，运动者应根据自身的年龄、身体条件以及个人需要来选择合适的能量系统作为主导的运动项目，同时还要注意所选择的运动手段和项目的科学化。运动者除了选择有氧氧化系统的项目外，还可以适当选择乳酸能系统供能的项目，发展身体的无氧耐力。

2. 运动中三大供能系统活动的关系

在体育教学过程中，人体运动形式不同，则其不同的能量代谢系统提供能量的能力和速率也会不同。磷酸原系统和乳酸能系统都供应能量，但 ATP 和 CP 的最终合成以及糖酵解产物——乳酸的消除却要通过有氧氧化来实现。所以，肌肉活动所需能量的最终来源是糖和脂肪的有氧氧化。

总体来说，人体在运动过程中，各供能系统之间的关系与运动训练负荷的强度和持续时间密切相关。在 0～180 秒的全力运动中，各供能代谢系统的基本活动的主要表现特点如下：在 1～3 秒的全力运动中，基本上由 ATP 提供能量；在完成 10 秒以内的全力运动时，磷酸原系统起主要供能作用；30～90 秒的全力运动以糖酵解供能为主；2～3 分钟的运动，糖有氧氧化提供能量的比例增大；而超过 3 分钟的运动，则基本上是有氧氧化供能。

总之，人体在运动中，并不是由一个供能系统完成供能的，在一个主要供能系统的基础上，其他的供能系统也会参与其中，共同完成人体运动所需要的能量供应。

（二）运动与新陈代谢

1. 水代谢

水对于生命的意义是不言而喻的。人体中含量最多的物质就是水，水也占有人体体重的绝大部分比例。显然，保持人体内的水平衡对于维持健康和正常活动至关重要，因为它是人体最重要的物质之一。人体中的水分多来自从外界摄入的水或食物，人体可以产生少量的水，这些水是体内物质代谢过程中产生的附属物质。人体内水分的排出有多种途径，其中主要是以尿液的形式排出体外，而次要的排出途径包括出汗、粪便排泄以及呼吸等。处于运动中的人体体内的热量会不断聚集，为了维持正常体温，此时就需要通过排汗的方式将热量带出体外。

2. 糖代谢

（1）糖对人体的作用

糖能够为人体提供充足的能量供应，是人体组织细胞的重要组成成分。人体每天所需能量的70%以上是由食物中的糖提供的，而且糖在氧化时所需的氧较脂肪和蛋白质少，因此糖成为肌肉和大脑组织细胞活动所需能源的首选，是人体最经济的供能物质。糖在体内除供应能量外，还可以转变成脂肪与蛋白质。脑组织在通常的生理情况下需要消耗大量能量，这种能量主要来自糖的有氧氧化。由于脑组织对缺氧非常敏感，并且脑组织细胞中糖原的贮存量很少，因此脑细胞主要依靠摄取血糖来满足其代谢所需消耗的糖。因此，血糖水平对脑细胞的功能具有重要影响。

（2）糖在体内的代谢过程

在进行体育运动时，首先会动用肌糖原。只有当肌糖原耗尽且血糖水平下降时，肝糖原才会被分解进入血液。糖原的贮备与动员供能的关系：肌糖原的贮备最多，为350～400克；而肝糖原的贮备与血糖水平密切相关，为75～90克。

（3）运动时人体血糖的变化

①运动对血糖的影响。一般安静状态下，正常人的血糖浓度的变化范围在3.9～5.9毫摩尔/升，经常参与体育运动的人与正常人没有区别。长时间的体育运动可引起血糖水平下降，运动者会出现运动能力下降的现象。

②补糖对体育运动的影响。以竞技健美操为例，由于运动强度和运动量都很大，因此会消耗较多的能量。训练前和训练过程中科学合理地补充糖，可以大大提高竞技健美操的训练效果。血糖水平的变化与训练前服糖时间的关系较为密切，训练前2小时服糖的效果较好。在训练前1小时之内，无需大量补糖，此时补糖只会引起血糖升高，还可能导致分泌大量的胰岛素，而胰岛素的大量分泌则会产生很强的降血糖的作用，反而使血糖浓度下降，从而降低运动能力，产生不良的训练效果。在训练过程中，最好饮用低浓度的含糖饮料，一方面是由于低浓度的含糖饮料可促进渗透吸收作用，另一方面胃在短时间内只能排空少量的液体，而高浓度的糖水会延长胃的排空时间，这对训练不利，对糖的吸收也不利。

3. 脂代谢

（1）脂肪对人体的作用

脂肪大部分贮存于皮下结缔组织、内脏器官周围、肠系膜等处，身体内贮存的脂肪总是在不断地进行更新，一般脂肪占体重的10%～20%，肥胖的人可达到50%。[①] 脂除从食物中获得外，还可以在体内由蛋白质或糖转变而成。脂肪除作为含能量最多的物质外，还可以起到保护器官、保持体温和减少摩擦等作用。大强度体育运动对脂肪的含量较为"计较"，因此应对人体内脂肪的代谢过程进行全面的了解。

人体内的脂肪主要分为真脂和类脂两大类，食物中常用的动植物脂肪都是真脂。真脂是甘油及脂肪酸组成的甘油酯，其主要生理功能为供给机体热能，供给机体必需的不饱和脂肪酸。这些不饱和脂肪酸是细胞膜、酶、线粒体及脂蛋白的重要组成成分，对生殖及性成熟有一定的促进作用。类脂作为组织与细胞的重要组成成分，其主要包括磷脂与固醇类两类。磷脂中有卵磷脂、脑磷脂和神经磷脂。磷脂和固醇均有很高的生理价值。卵磷脂是构成原生质的重要成分，并因其分子中带有胆碱，有提高机体抗缺氧能力的功效，而固醇是构成胆固醇、维生素D、性激素和肾上腺皮质激素的原料，胆固醇是不饱和脂肪酸的运输工具，但类脂不能作为能源供能。

（2）脂肪在体内的代谢过程

在人体发育过程中，脂肪起着关键的作用。一般来说，人体内的脂肪主要来自摄入的动物脂肪和植物油。脂肪具有疏水性的特点，这意味着它需要酶的参与或者依靠摄入的乳化剂才能在人体水环境中分解。与糖相比，脂肪的吸收和转化过程稍微复杂一些。人体对脂肪的吸收方式：可以通过小肠上皮细胞直接摄入脂肪微粒，或者是脂肪微粒的成分进入小肠上皮细胞后再次分解合成脂肪，形成乳糜微粒。这些微粒和大分子脂肪酸一起被转移到淋巴管中，而甘油和小分子脂肪酸则会溶解在水中被吸收。因此，淋巴和血液是脂肪吸收的两个途径，其中淋巴吸收是主要的途径。吸收后的脂肪大部分会储存于皮下、大网膜或肌肉细胞中，少量脂肪会以合成磷脂、合成糖脂和合成脂蛋白的形式储存于体内。

脂肪的分解代谢过程最终会产生能量满足人体活动所需。但脂肪供能不是运动后第一时间开始的，调动脂肪供能并没有那么容易，往往只是在人体进行那种时间长、运动强度中低等的运动时才会调动脂肪予以供能。

---

① 梁庆刚. 浅谈运动减肥的健康性[J]. 实用医技杂志，2006（4）：630–631.

（3）运动中脂肪的代谢

在体育教学中，只有进行长时间的有氧运动才能动员脂肪供能。随着运动时间的延长，脂肪供能比例逐渐增加。长期运动可以改善血脂水平，降低血浆中的低密度脂蛋白含量，增加血浆中的高密度脂蛋白含量。此外，长期运动还可以减少体脂积累，改善身体成分。

4. 蛋白质代谢

（1）蛋白质对人体的作用

蛋白质主要是由氨基酸构成的，氨基酸的主要功能是构建、修复和重新合成细胞成分以实现自我更新。此外，氨基酸还可以合成酶、激素等生物活性物质，也可以作为机体的能源物质。蛋白质也是肌肉组织的主要组成成分。

（2）蛋白质在体内的代谢过程

蛋白质的代谢过程不同于糖和脂肪，它不能在体内储存，因此正常成年人每天摄入的蛋白质数量与其每天消耗的几乎相等。蛋白质是骨骼肌纤维的主要成分，它由结构简单的氨基酸组成。不同种类的氨基酸可以组成不同种类和营养价值的蛋白质。目前已知的氨基酸约有30种，其中有8种必需氨基酸（赖氨酸、亮氨酸、苯丙氨酸、异亮氨酸、蛋氨酸、苏氨酸、缬氨酸、色氨酸）和3种半必需氨基酸（组氨酸、胱氨酸、精氨酸）。在人体内，必需氨基酸不能合成或其合成速度不能满足代谢需要，这时就需要通过饮食摄取。在体育运动后，任何一种必需氨基酸缺乏，都很容易引起机体的疲劳，它的缺乏还可导致其他氨基酸不能被利用，因此，体育运动者在补充蛋白质的过程中，一定要考虑其补充蛋白质的成分。比例为2∶1∶1的亮氨酸、异亮氨酸和缬氨酸3种氨基酸的混合物，对促进肌肉力量的增长起着最基本、最关键的作用，可以满足高负荷运动后，机体对蛋白质的需求。

亮氨酸不仅是肌蛋白的结构分子，而且还能抑制分解效应。另外，它还可诱发生长激素、胰岛素的分泌，创造良好的激素环境，阻遏皮质醇与受体结合，能抑制由于大量运动诱发的不利于肌细胞的破坏因素。它还能非激素式地促进肌纤维内主要蛋白的新陈代谢。因此，它的使用可最大限度地减少蛋白质在体内的分解和破坏，其结果是可以大幅度增长肌肉力量。它具有促进蛋白合成的作用，所以它不是运动前服用的营养补剂，其最佳的服用时间是在体育运动后的恢复期。

精氨酸又是体内合成肌酸的前提，它在体内含量的高低，在一定范围内影响到体内肌酸的含量，而肌酸是进行大量运动后所需的重要能量物质，因此，它们的含量直接影响到高强度运动的质量。

谷氨酸、缬氨酸和异亮氨酸在机体内部合成谷氨酰胺。虽然谷氨酰胺并不被视为必需氨基酸，但对于肌肉纤维扩容是必不可少的。在合成肌肉蛋白的所有氨基酸中，谷氨酰胺的占比高达60%，因此，对于体育运动员来说，谷氨酰胺的充足与否是决定其肌肉力量和质量的关键因素。为了提高训练的强度和质量，可以在体育运动过程中补充谷氨酰胺。几乎所有的其他氨基酸都仅含有一个氮原子，而谷氨酰胺含有两个氮原子，所以它具有最高的生物价。当释放一个氮原子后，它变成谷氨酸，基于这一点，它可被视作氮原子的传递单位。在结束高强度的运动后，肌肉内的谷氨酰胺含量会失掉40%以上，所以在超负荷运动后补充谷氨酰胺是使肌肉疲劳快速恢复的重要手段之一。

蛋白质的代谢过程受几种激素的调节，甲状腺素和肾上腺素能促进蛋白质的分解，其表现为甲亢时，甲状腺素分泌增加，人体蛋白质分解增加，人体逐渐消瘦；而生长激素分泌增加时，表现为人体蛋白质合成增加，肌肉健壮。因此在体育运动中，应注意运动负荷的调节、营养物质的补充，只有这样，才能做到全面而有针对性地增长肌肉。

5. 维生素代谢

维生素属于人体的一种微量元素。人体无法自行合成维生素，因此只能通过摄入食物来获取。维生素的种类繁多，每种维生素对人体都有不同的功能，为了保持机体的正常运作，人体需要全面补充各种维生素。维生素的奇特之处在于，不同类型的维生素都拥有各自独特的结构。虽然维生素对人体起着较多作用，但人体的细胞结构中不含维生素，且维生素也并不参与人体能量的提供工作。它们最大的功能就是为体内的能量代谢过程和各种调节过程给予辅助力。通常情况下，维生素在人体中主要参与辅酶的合成过程。当人体缺乏某种维生素时，会限制某些酶的催化能力，进而引发体内代谢的紊乱。虽然维生素的作用如此之大，但摄入过量的维生素也是不行的，这会给人体带来极大的危害。因此，人体摄入的维生素一定要足量而不能过量。

6. 无机盐代谢

无机盐普遍存在于常见食物中。人体对无机盐的存储主要为以磷酸盐的形式存储在骨骼中。除此之外，还有一些微量的无机盐，例如钙和镁，以离子的形式存在于人体内。无机盐的重要功能之一是调节体内的渗透压，另外也维持体内的酸碱平衡。在体液中，无机盐会被解离为离子，体液中的离子有阴阳之分，其在体内细胞代谢过程中的作用是不可替代的。

（三）运动与运动系统

1. 人体运动系统的构成

（1）肌肉

肌肉组织主要由肌细胞组成，肌细胞为细长的细胞，故亦称肌纤维，是肌肉的基本结构和功能单位。每条肌纤维外面皆由一层薄的结缔组织膜包裹，称为肌内膜。数条肌纤维构成肌束，一个个的肌束表面也由肌束膜包裹。肌束再组合成一块块肌肉，外面包以结缔组织膜，称为肌外膜。肌肉中，水分约占3/4，另外1/4为固体物质（如蛋白质、酶等）。

人在参加运动的过程中，其动力是由骨骼肌不断地运动来提供的，骨骼肌在神经系统的支配下，收缩牵动骨骼，维持人体处于某种姿势，或产生人体局部运动，最终促进机体完成运动所需的各种动作。人体内脏器官的活动也离不开相应的平滑肌和心肌的作用。

骨骼肌是指附着于骨骼上的肌肉，是肌肉的一种。骨骼肌在人体内分布广、数量多，是运动系统的主体部分。人体内约有400块大小不一的骨骼肌，占体重的36%～40%，成年男性约占40%，成年女性约占35%。骨骼肌可分为中间庞大的肌腹和两端没有收缩功能的肌腱，肌腱直接附着在骨骼上。骨骼肌收缩时通过肌腱牵动骨骼而产生运动。肌腱由排列紧密的胶原纤维束构成，肌腱内胶原纤维互相交织成辫子状的腱纤维束。肌腱的一端与肌内膜、肌束膜和肌外膜相连接，另一端与骨骼紧密结合。肌腱本身虽无收缩能力，但能承受很大的拉伸载荷，而肌腹的抗张力强度远远不及肌腱。

（2）骨骼

骨骼是由骨膜、骨质、骨髓及血管、神经所构成的，它以骨质为基础，表面被骨膜包裹，内部充满骨髓。骨是人体运动系统的重要组成部分，对大学生的运动训练起着至关重要的作用。但是，骨的功能不仅仅体现在它的运动功能上，它还有支撑身体的功能、保护脏器的功能、造血的功能、储备微量元素的功能。

（3）关节

关节是骨与骨之间借助于结缔组织、软骨或骨的一种连接。借助它连接起全身的骨骼，从而对整个人体起到支撑和保护的作用。关节主要由关节面、关节囊和关节腔所组成，辅以韧带、关节内软骨和关节唇等结构。根据关节运动轴的多少和关节面的形状等因素，可以将关节分为单轴关节、双轴关节和多轴关节三种形式。也可以根据两骨间连接组织的不同，将关节分为纤维性关节、软骨关节和滑膜关节。

2. 运动对人体运动系统的影响

（1）运动对肌肉的影响

参加运动能够充分地发展骨骼肌，使其肌纤维增粗，使肌肉的体积增大，肌肉力量增加。该项运动能够使肌纤维中的线粒体数目增多，肌肉中的脂肪减少，从而减少肌肉收缩时的摩擦，即使肌内膜、肌束膜、肌腱和韧带中的细胞增殖、增厚、使其变坚实、变粗壮；肌肉内化学成分发生变化，如使肌糖原、肌球蛋白、肌动蛋白和水分等的含量都有增加，从而使ATP加速分解，与氧的结合能力增强，有利于肌肉收缩，表现出更大的力量；可使肌肉中的毛细血管增多，改善骨骼肌的供血功能。

（2）运动对骨骼的影响

经常进行运动可以促使骨形态结构发生一系列改变，包括骨表面的隆起更为显著、骨密质增厚、管状骨增粗等，这些改变可以提高骨的抗压、抗弯、抗折断和抗扭转等机械性能。骨的这种良好变化与肌肉的牵拉作用有着密切的关系。此外，肌肉力量的增加与骨量的增加之间存在显著的相关性，并且骨量增加的部位与肌肉训练的部位有关。当肌肉力量增大时，肌肉收缩对骨骼产生的应力刺激可以有效提高成骨细胞的活性。

（3）运动对关节的影响

定期适量的运动可以使骨关节面的密度增加，骨密质增厚，从而越发能够承受更大的运动负荷。由于运动项目不同，它对关节柔韧性所起到的作用也就不同。如乒乓球、羽毛球、篮球等项目，对于参与者的急转、急停能力的要求极高，这就需要参与者拥有良好的关节柔韧性。同时，关节的稳固性和灵活性又是一对矛盾，因为肌肉力量增大，韧带、肌腱、关节囊就会增厚，这对提高关节稳固性和防止关节损伤有很大好处，但这样又势必会影响关节的灵活性。所以，在进行运动时，运动者要处理好这对矛盾。

（四）运动生理学规律

1. 人体生长发育的规律

人体的生长发育通常要经过二十年以上的漫长过程，在这一过程中，由于内部（遗传）和外部（社会环境、体育锻炼）等各种因素的共同作用和影响，个体间的生长发育程度各不相同甚至相差甚远，但总的来说人体的生长发育都遵循共同的基本规律。

人体在不同年龄阶段的发育特点各有差异，并且每个阶段的发育都以前一阶段的发育为基础。每一阶段的发育都会对后续阶段的发育产生重要影响。通常神经系统发育较早，而生殖系统相对来说发育较晚。需要注意的是，人体各系统的发育并不是孤立或分割的，而是相互联系、相互影响和相互适应的。

人体即使不锻炼，也会经历一个"自然增长"的过程，当然这种增长是有限的。若要进一步提高身体素质，就必须经历一个体力锻炼过程，这种锻炼要求有高有低，但对身体素质和系统都会形成或大或小的影响。学生身体素质越好，就越灵敏，越能发挥主观能动性。

男性与女性在发育和体型方面存在较大差异，通常女性发育要早于男性，但是身体素质方面普遍低于男性，这种差异在成年之后会愈加明显。因此，女性应在身体发育关键时期重视体格锻炼，塑造更加健美的体形。

高校体育教学的主要开展手段是学生的身体练习，是一项促进学生全面发展的教学活动。相应地，高校体育教学设计的目标应该是最大程度促进学生生长发育。因此，在高校进行教学设计时应充分了解学生的生长发育规律、机体特征以及不同年龄段的身体素质特点。这些因素在教学设计中会影响教材内容的选择、教学目标的确定、学生学习需求的确定、教学策略的选择以及教学过程的安排等。

2. 运动技能形成的规律

在这里要借助经典的"泛化过程—分化过程—巩固过程"这一理论对运动技能进行解释和说明，这种划分方法主要基于苏联生理学家伊凡·彼德罗维奇·巴甫洛夫的高级神经活动学说，相对来说这种理论更利于学生理解和运用。

（1）运动技能获得阶段——泛化过程

在最初学习一个动作时，尽管老师进行了一系列的讲解与示范，学生们通常对其只能形成一个感性认识。此时，动作技术引起的外界刺激通过感受器传递到大脑皮层，引发了大脑皮层细胞的兴奋。此外，由于皮质内抑制未被确立，大脑皮层的兴奋与抑制呈现出扩散状态，导致条件反射暂时不稳定，出现了泛化现象。由此，人体肌肉活动通常不协调，动作多余或费劲。教师可以组织和引导学生对此进行学练体验和讨论，共同探讨为何刚刚学习一项运动动作时肌肉会不协调，并引用教科书的理论加以说明，这些现象是大脑皮质细胞兴奋扩散的结果。

（2）动作技能改进阶段——分化过程

经过一定时间的练习，学生们已经初步了解和掌握了该运动技术，已经解决了部分动作僵硬、不协调的问题，练习中的错误大多被纠正，也能较为连贯地完成整套技术动作。这时初步建立了动力定型。这种定型也并不是非常牢固的，在遇到特定刺激的情况下可能会重复之前的错误。对此，教科书应提供学习策略和自练提示，帮助学生找出错误并告诉其如何应对。

（3）动作技能稳定阶段——巩固过程

学生的动作及其动作环节更加准确优美而自动化，动作的完成不需要过多的意识参与，环境变化也不会对动作技术的完成度、准确度造成过多影响。但这也不代表所有问题都解决了，因为这一阶段的动力定型并没有达到充分完善和巩固的程度，因此还必须加以练习，不断提高动作质量。在此过程中，教师应当对学生的要求更为严格，应带领和引导学生进行技术理论学习，以不断提高动作质量和巩固动作定型，提升动作的自动化程度。

3. 学生身体机能适应的规律

人体机能在运动过程中主要经历四个阶段。

第一，工作阶段。人体内各器官机能的活动和能量的合成水平提高，而体内贮备的能源逐渐消耗。

第二，相对恢复阶段。人体机能恢复至运动前水平。

第三，超量恢复阶段。人体通过适当休息后体内能源储备和机能超过之前的水平。

第四，复原阶段。运动痕迹效应逐渐消失，人体机能恢复到原有水平。

根据人体机能的变化规律，第一次运动结束后，第二次运动只有在超量恢复阶段开始，人体的机能才能不断增强。

当外界环境发生变化时，机体内环境会相应地调整以维持相对的平衡。为了确保体内各系统的正常运作，身体会进行重新调节，这就是生物适应的过程。在高校体育教学中，学生在经过系统的学习和训练后，身体内部会产生生化和物理性变化，这种变化随着训练的增加而发生量的积累，身体机能逐渐适应并得到提高。

二、运动生理学在高校体育教学与科学训练中的作用

（一）运动生理学在高校体育教学中的作用

运动生理学有着丰富的内容，主要研究人体形态结构和正常发育与发展的规律。它和体育教学有着较为密切的关系，是体育教学的理论基础。

运动生理学和体育教学的对象都是人。体育教学以育人为宗旨，其根本目标是通过各种体育活动来发展学生的身体，促使学生身心全面发展。运动生理学的基本活动也是围绕着提高人类的体质进行的。所以，运动生理学和体育教学之间有着千丝万缕的联系，二者相互作用、相互促进。

运动生理学作为体育教学的理论基础，一是为体育教学提供人体生长发育和功能发展的客观规律及其机制，使科学地进行体育教学有了依据；二是为体育教学提供了人体测量的原理和方法，使客观地评价学生体质、评价体育教学有了遵循的依据；三是为体育教学提供了年龄解剖学和年龄生理学知识，使体育教学目标、内容、原则、方法和运动负荷的论证更加科学，使体育教学的实践更具有针对性。

一般来说，运动后身体发生的变化可以被追踪和分析，这个过程就是了解运动生理特征的过程。因此，运动生理可以用来指导体育教学，将运动生理与体育教学有效地结合在一起，可以在一定程度上提高体育教学的有效性。它在体育教学中的作用主要体现在以下几个方面。

1.有助于学生及时纠正错误动作

运动生理学不仅可以帮助学生及时纠正错误动作，还能够防止错误动作形成定式。通过大脑皮层对各种刺激进行分析和综合，能够加快正确动作的形成，并且能够准确、迅速地掌握动作。经过多次重复后，动作会变得自动化，但如果错误动作重复次数过多，就会形成错误动作的定式。一旦错误动作定式形成，改正起来比学习新动作还要困难。错误动作会对动作掌握速度产生不良影响，并限制动作技术的进一步发展。

因此，在高校体育教学与训练中，一旦发现错误动作，就需要及时进行纠正。纠正错误动作本质上就是通过大脑皮层的抑制作用来实现的。通过正向或负向的反馈来加强正确动作、抑制错误动作，从而提高动作的质量。

2.有助于学生全面掌握动作要领

高校体育教学的质量取决于所采用的教学方式和方法，尤其在针对具体的

运动技巧和运动项目进行教学时，可能会出现学生肢体不协调的情况。这时，教师需要从运动生理的角度进行分析，找出导致学生肢体不协调的原因，并以此为基础设计教学方法，以提高教学活动的针对性。在后期的体育教学中，也应不断观察学生的运动表现，了解学生的运动生理状态，并对教学方法和教学手段进行动态更新和调整，以取得更好的教学效果，使学生能够全面掌握动作要领。

（二）运动生理学在科学训练中的作用

心率是评估科学训练强度和生理负荷的重要指标，而脉搏率是衡量心率的关键标准。一般而言，脉搏率与身体负荷成正比，负荷越大，脉搏率越快。因此，通过测量脉搏率可以反映科学训练后身体的负荷情况。如果运动后被测者的心率稳定且下降较小，说明他们的运动能力较好，能够适应该项运动和当前的运动量。相反，如果心率波动较大且超出正常范围，可以判断被测者的运动功能可能异常，负荷过大。在条件允许的情况下，可以通过测量心率来具体分析运动能力，并根据这些数据设计训练项目和方法，以使科学训练的活动量和运动量符合运动者的生理规律。

第二节 运动心理学理论指导

一、运动心理学理论

（一）运动动机

1. 运动动机的概念

运动动机是激励人们参加体育运动的内在原因或内部动力，它决定着体育运动参与者在体育运动中的倾向性、活动强度和坚持性[1]。运动动机产生的条件是，个体有参与体育活动的内在需要，而运动环境和条件诱因又与之相适应。这将形成一种驱动力，推动学生参与体育活动。

---

[1] 刘书博，尚献芳. 贵州省黔西南州农村社区体育发展现状研究[J]. 黑龙江科学，2018，9（4）：20–21.

2.运动动机的功能

（1）激发功能

运动动机具有激发功能，运动动机能激发个体参与体育活动，使个体由静止或其他活动状态转向体育活动状态。有运动动机的个体对有关运动的信息更为敏感。当运动的动机达到一定水平时，个体会主动选择一定的运动场所进行体育活动。运动动机激发力量的大小，是由运动动机的性质和强度决定的。

（2）指向功能

运动动机的指向功能就是其选择功能，具有把个体的体育行为引向某一特定体育活动目标的作用。个体运动动机被激发后，具体从事何种体育活动（如跑步、打球、做操等），与其追求的目标有关。不同的运动动机会产生对不同运动目标的选择。相比于没有特定动机的个体，具有强烈动机的个体的思想和行为更倾向于关注满足其动机的特定对象或事物。例如，当一名球探和一名普通球迷一同观看足球比赛时，由于球探具备特别的动机，他会将关注点主要集中在寻找有潜力的球员上，这使得他的行为和普通球迷有所区别。

（3）强化和调整功能

运动动机具有强化和调整功能，其强化和调整的效果取决于个体的活动与其预期目标的一致程度。在体育活动行为产生后，运动动机维持并调节着这种行为的强度和持续时间。个体是否坚持这种体育活动或是否能达到最终目标，受到运动动机的强化和调节的影响。

当体育活动的结果与个体追求的目标一致时，运动动机能够得到强化，从而使参与体育活动的积极性提高。相反，如果体育活动的结果与个体追求的目标不一致，相应的运动动机无法得到强化，参与体育活动的积极性就会降低。运动动机作为心理的调节力量，通过影响体育活动来调整运动行为。在具体的运动实践中，运动动机的上述功能的表现很复杂。这种复杂性主要表现在三个方面。

第一，不同的运动动机可以通过相同的体育活动表现出来，不同的体育活动也可能受相同或相似的运动动机驱使。例如，虽然很多青少年都认真学习、刻苦训练，其运动动机却可能不同，有的是为了将来能更好地报效国家，有的是想将来能找到一份好工作，有的是迫于教师、教练或家长的压力；与之类似，同样是为了健身，有的人选择跑步，有的人选择打球，有的人选择游泳。

第二，就单个动机而言，其性质也是复杂的。以健身为例，它既可以满足个体的生理需求，也可以满足个体的社会需求。

第三，个体的运动行为通常受多种动机支配，往往是多种动机整合的结果。例如，运动队中的两个人之所以能成为朋友，除感情因素外，往往还有现实利益的因素，如经济收入、家庭背景等。

3. 运动动机的种类

（1）内部动机和外部动机

运动动机可以根据内在需要和外界诱因在产生过程中的作用分为内部动机和外部动机。内部动机是由个体的内在需要转化而来的动机，这包括了好动、好奇、好胜等心理因素。外部动机指主要由外部条件（诱因）诱发的动机。例如，外界的奖励、某些体育荣誉称号等都可能成为激发个体运动动机的外部条件。一般而言，个体的运动行为是由内部动机和外部动机共同推动的，但在某一时刻往往以一种动机为主。相对而言，内部动机的推动力量较大，发挥作用的时间也较长。

外部动机的推动力量较小，发挥作用的时间也较短。外在条件一旦消失，由外在条件引发的动机也会很快失去作用。外部动机对内部动机的影响既可以是积极的，也可以是消极的。

（2）直接动机和间接动机

直接动机是基于个人对体育学习、运动训练和锻炼活动目标、内容、方法或组织形式等直接特征的兴趣。举例来说，有些大学生对所参与的运动项目本身充满了兴趣，因为它能够充分展现自己的潜力，并让自身获得能力提升的体验，这种动机是直接指向运动训练本身的。

间接动机是一种基于兴趣和活动结果的动机。在间接动机的影响下，人们会喜欢并经常参与某项运动，但他们参与运动的主要目的并不在于运动本身，而是希望通过展示自己在这项运动中所具有的能力来获得他人的认可。这种动机可以被视为间接的，因为参与者的行为和动机之间存在一种间接的联系。在间接动机下，参与活动者通常关注的是运动导致的结果，如获得比赛胜利、受到他人的赞赏等，这种奖励所维持的动机源于间接动机，即指向运动训练结果的动机。

个体的运动行为可以由直接动机或间接动机引发，或者两者共同作用。直接动机与体育学习、运动训练和锻炼活动密切相关，其动机内容具体明确，对行为的直接推动力量较强，是激励个体积极参与体育活动的有效因素。然而，当体育活动的难度较大，需要经过长时间的努力才能掌握，或者个体对练习方法和形式感到单调乏味时，直接动机的局限性会显现出来，其影响范围和发挥作用的时间也会相应"缩水"。间接动机虽然相对遥远，与当前体育活动的直接联系较少，但它与长时间体育活动后产生的最终结果和社会意义相联系，其影响持续的时间较长，能使学生、运动员或健身者更自觉、持久地进行体育活动。因此，直接动机和间接动机相互联系、相互补充。

（3）生物性动机和社会性动机

生物性动机是基于个体的生理需求而先天具备的动机。例如，为了体验刺激、眩晕、运动愉悦感或释放身心能量而参与体育活动的动机属于生物性动机。当这类生理需求得到满足时，生物性动机通常会减弱；相反，如果这种生理需求得不到满足，个体可能会产生烦躁心理、难以控制注意力和情绪的状态。而社会性动机则是基于个体的社会性需求后天产生的动机。例如，个体为了促进与他人的交往、获得社会和他人的认可、施展自己的才华、获得事业上的成功、形成归属感等而参加体育活动，就属于社会性动机。与生物性动机发挥作用的时间相比，社会性动机具有更为持久的特征。一般而言，参加体育活动的动机多属于社会性动机。

（二）运动与情绪

情绪也是运动心理学中的重要内容，一般来说，人们在不同情绪状态下处理事务通常会收到不同的效果。一个心理健全的人，其情绪一般是相对稳定的，不易受外界环境变化的影响，即使有影响也不会变得不能自制，总是相对稳定和协调。事实上，人们在参与各种活动时往往会带有一定的情绪体验，尤其是在面对困难和挫折时，情绪可能出现较大的起伏，这种情况是正常的。经历一段时间的情绪波动后，心理健康的人通常能够在短期内恢复正常。然而，对于心理不健康的人来说，他们可能会陷入困境之中，并且很难在长时间内摆脱这种境况。一个人面对困难与挫折时自身对情绪的调节能力是展现其心理健康水平的标志。人们在参加体育运动锻炼时，良好的情绪也会对其产生积极的影响，在良好的情绪状态下参加体育运动锻炼通常能取得不错的效果。

（三）运动与智力

智力也是运动心理学的重要内容。人们参加各种各样的活动需要具备一定的智力，无论是职业运动员还是一般的运动爱好者都需要具备相关的智力条件。人的智力会随着身体的成长而逐渐增长，但随着年龄的增长，智力发展和身体发育之间的关联会逐渐减弱。换句话说，在某种情况下，人的智力增长会脱离身体活动能力的发展，二者之间的联系会变得较弱。即便如此，人的智力与身体活动能力之间的联系仍然是不可磨灭的。当人们学习新的动作时，他们不仅需要身体素质的支持，还需要具备一定的观察能力、思维理解能力和想象能力等。只有拥有这些能力，才能够有效地学习和掌握运动技能。

（四）运动与意志

意志是指支持个体自觉地明确目标、克服困难、实现目标的心理过程。那些具备良好意志品质的人通常对参与体育运动锻炼有着高度的积极性。他们自觉地参与体育运动锻炼，并且能够坚持下去。在这个过程中，意志发挥着至关重要的作用。对于参加运动健身的人而言，如果他们拥有健康的心理，在参与体育运动锻炼的过程中就会有着清晰的目标，能正确认识健身的目的，做出合理的行为，能够自觉主动地支配自己的行为以实现预期的健身目标。

（五）运动与应激和焦虑

1. 应激

应激是指个体对于外界的应激源或刺激做出的各种反应。而应激源则是指那些触发机体适应反应的环境事件和情境。应激反应是一种应激源、个体对应激源的评价及个体的典型反应等因素相互作用的过程。我们在经历生活中的一系列重大事件时，常常感到难以应对，从而产生应激反应，身心不适。这些生活事件打破了我们日常生活的宁静和平衡，需要我们通过各种途径和手段进行积极的调整，以适应发展和变化了的环境，由此可见其具有明显的应激性质。对于一般的运动爱好者来说，当处于高度应激状态时，最好避免参加高强度的运动项目，以免增加更多应激源，导致运动损伤，得不偿失。运动者在参加体育运动锻炼的过程中，对应激的控制应重点关注以下两点。

第一，锻炼要合理，要努力产生积极的应激。应激会引发机体的本能反应，即"搏斗或逃跑"反应。这时，交感肾上腺机制会动员体内能量，导致血液中儿茶酚胺水平升高。如果在这种状态下进行大量的锻炼，运动机体的能量就会得到释放。如果运动能量被动员而无法释放则会严重扰乱运动机体的身心平衡状态，不利于身体技能的良好发展。

第二，避免参加过量的锻炼。如果运动者参加过量的锻炼，就容易出现心理耗竭的现象。心理耗竭主要指在一定的精神压力下参加锻炼，这会对身体和心理产生一定的负面影响，产生负效应。在心理耗竭的影响下，运动者是难以取得理想的锻炼效果的，因此，一定要采取各种手段与措施避免心理耗竭现象。

2. 焦虑

焦虑是指由于不能克服障碍或不能达到目标而形成的一种紧张、担忧的情绪状态。如果运动者长期在心理耗竭的状态下进行锻炼，很难达到预期的效果，甚至可能导致不同程度的运动伤害。因此，加强这一情绪状态的改善是十分重要的。一般来说，焦虑的形式可以分为以下几种。

（1）状态焦虑

状态焦虑是由紧张和忧虑引起的可察觉的主观感受，是神经系统高度自主活动的一种表现。例如，对于一些刚开始踏入体育领域的运动员来说，在首次进入比赛场地参加比赛时常常会感到紧张，这可以归类为赛前状态焦虑。

（2）躯体焦虑

通常情况下，运动员的躯体焦虑都是由运动员自发唤醒的，这一焦虑主要通过运动员的心率、呼吸、出汗等情况表现出来。

（3）特质焦虑

特质焦虑是指个体在各种情境下表现出焦虑反应的情绪和行为倾向。它代表着人们以特定的焦虑反应方式和程度来对待不同事物的倾向，使得焦虑反应在不同情境下展现出一致性。

（4）认知焦虑

认知焦虑主要指的是焦虑的认知性特征，这一认知焦虑主要是由对内外刺激的评价引起的。一般情况下，躯体焦虑和认知焦虑在概念上是相对独立的，但在某种特殊情况下可以发生一定的改变。

（六）运动与感知系统

1. 感觉系统与体育运动

感觉是一切心理活动的基础，也是从事体育运动的心理基础。在运动中常起作用的运动知觉是由视觉、听觉、平衡觉和机体觉等构成的。学习运动知识和技能，主要通过教师示范动作和讲解动作概念以及自己的积极练习来实现，练习动作时要依靠动觉、触觉、平衡觉和机体觉而深化。尤其动觉对掌握运动技术、创造运动成绩有着特别重要的意义。它在形成运动技能的初期与视觉和听觉相比往往处于模糊状态，经常置于被掩盖的地位，因此也有"黑暗感觉"之称，它只有通过训练才能由模糊变为清晰。当动觉成为支配、调节动作的主导因素时，运动技能才会转为熟练技巧。

2. 知觉系统与体育运动

（1）运动知觉与体育运动

运动知觉是指人脑对当前外界物体、他人活动或对自身运动的反映。对自身运动的反映叫主体运动知觉；对当前外界物体及他人活动的反映叫客体运动知觉。在体育运动中涉及的外界物体很多，如球类运动比赛中的球、对方队员及对方队员的动作等。涉及的外界对象越多，运动员的运动知觉就越复杂。运动知觉是一种复杂的知觉，在体育运动中起着非常重要的作用。例如，一个乒乓球运动员要接好球，首先要了解对方球的落点、方向、变化、旋转等，这是客体运动知觉；其次又要对自己的动作有正确的运动知觉，如上肢接球的运动知觉和脚步动作的运动知觉，这是主体运动知觉。不论是主体运动知觉还是客体运动知觉，都在体育运动中起作用。一名训练有素的运动员应表现为两种运动知觉天衣无缝的结合。

一个人若没有运动知觉就不可能正确反映外界物体运动变化，无法适应外界环境并做出准确反映，不能正确反映和控制自身动作，不能学会各种动作和技术。例如，球类运动员的球感、游泳运动员的水感、冰雪运动员的冰感和雪感等。正确的运动知觉也有利于教师、教练员和裁判员及时纠正运动员的错误动作。因此，可以说正确的运动知觉是大学生学习和掌握各种动作的控制器，也是体育教师评价和衡量大学生技术水平的衡量器。

（2）空间知觉与体育运动

空间知觉是指人脑对物体空间特性的反映。空间特性是指物体的方位、大小、形状、距离等。按照物体的空间特性，可把空间知觉分为方位知觉、大小知觉、形状知觉、距离知觉等。而与身体运动关系较大的主要是方位知觉和距离知觉。正确的空间知觉对于学生或运动员掌握运动技能、技巧是具有重要意义的。可以设想运动场上的所有活动，随时都需要在空间知觉的帮助下进行。例如，一个篮球运动员在篮球比赛中要能准确地估计双方队员、球及篮板与自身的距离从而确定行动的方向；一个体操或跳水运动员应善于辨别自己的空间位置，从而正确调节动作，这些都需要依靠清晰准确的空间知觉。

（3）时间知觉与体育运动

时间知觉是指个体对客观事物运动和变化的延续性和顺序性的反映。时间知觉对有效完成身体运动也是十分重要的，特别对身体的协调性或韵律节奏等来说更是不可缺少的因素。在不同的运动项目中，用来估计时间的媒介是不同的。例如，赛跑是以肌肉运动感觉、视觉和机体觉为媒介来测定时间长短，竞技体操主要以肌肉运动觉来估计节奏和速度。教师和教练员应根据项目特点找出估计时间的最佳媒介，对学生、运动员有意识地进行培养和训练。

（4）错觉与体育运动

错觉是指人对客观事物不正确的知觉。错觉的种类很多，其中以视觉错觉最为常见。形成错觉的基本原因，在于相关刺激的干扰作用，另外还由于受到过去经验的影响。

错觉在体育教学和训练中既起消极作用，又起积极作用。例如，一个田径运动员长期在一个300米的跑道上训练，到比赛时对标准的田径场就会产生比赛场地大且距离长的错觉，因而出现恐惧心理，影响比赛成绩。这是错觉的消极作用。但是从另一个例子来看，一个划船队在全国性比赛前特地到一条百米宽的河里进行训练，运动员却产生了划得距离比在湖里长、划一个全程也吃力得多的错觉。这是因为河面宽广导致距离显得较远，而湖面较窄，使得距离显得较近。后来到湖里正式参加比赛，大家顿觉距离缩短，精力充沛，呈现出了良好的竞技状态，终于取得了优异的成绩。这是错觉的积极作用。因此我们要学会自觉地利用错觉，使它在体育运动竞赛中产生积极作用。

二、运动心理学在高校体育教学与科学训练中的作用

（一）运动心理学在高校体育教学中的作用

运动心理学是体育教学的重要根基学科之一。体育教学的核心使命是推动人的身心全方位发展。因此，运动心理学在体育教学中扮演着关键的角色。特别是随着"教育心理学化"的流行，运动心理学在体育教学中的基础地位愈发稳固。运动心理学正从多元视角对体育教学产生影响，其理论已经变成体育教学进步的关键基础和前提，这主要表现在以下两个方面。

第一，对教学内容的研究需要深入运动心理学的层面。在决定如何组织学习内容、选择哪些知识和技能、进行什么样的智力训练等问题时，需要进行逻辑组织和心理组织的双重考虑。

一是逻辑组织是指教学内容的安排应当符合逻辑原则，使得学习者能够循序渐进地掌握知识和技能。在教学内容的安排上，需要根据知识和技能的难易程度、相关性等因素进行合理的排序，以帮助学习者逐步建立完整的知识体系。

二是心理组织则关注学习者的心理需求和特点，强调教学内容的组织和呈现方式应当符合学习者的认知规律和心理发展特点。在教学内容的选择和呈现方式

上，需要考虑学习者的兴趣、动机、学习风格等因素，以激发学习者的学习积极性和主动性。

第二，教学实施、决策以及课程评价等方面也涉及许多运动心理学问题。这些环节都需要对学习者的心理特征、需求和动机进行深入了解和考虑，以制订出更加科学、有效的教学策略和方案。

（二）运动心理学在科学训练中的作用

运动心理学是用来揭示、剖析和探索学习过程中的心理结构、心理特点和心理规律的，在此基础上，必然会形成一定的基础理论，它是科学训练的基础。科学训练一定要与运动者的心理健康水平相适应。

为了实现科学训练，需要遵循以下几个方面的要求。首先，训练项目和方法以及难度的设定，需要与一般的心理学规律相符合。只有充分了解和掌握相关的心理学规律，如记忆规律、思维规律等，才能以科学、合理的方式理解并编制训练项目和方法。其次，科学训练还需要与人的心理发展的年龄特征相符。训练课程通常是针对特定年龄阶段的个体进行的，因此在训练研究中必须了解并把握个体心理发展的年龄特征，以便为该年龄阶段的个体提供合适的训练。

第三节　运动训练学理论指导

一、运动训练学理论

（一）运动训练的目标

训练是运动员为了达到最佳竞技状态的准备过程。制订系统的训练计划，可使教练员的训练工作更有效率，而制订训练计划需要借鉴各门学科知识。训练过程以发展专项特征为目标，这些特征与完成不同的训练任务紧密相关，包括全面身体发展、专项身体发展、技术能力、心理素质、健康保养、伤病预防以及相关理论知识。要想获得上述能力，需要根据运动员的年龄、经验和天赋，运用个性化、适宜的方法和手段。以下分别作简要叙述。

第一，全面身体发展。全面身体发展是所有体育运动训练的重要基础，也被称为一般身体素质。它的主要目的是改善并提高运动员的基本身体能力，如耐力、柔韧性和协调性。这些基本能力是运动员在各种运动项目中取得优异成绩的关键。

全面身体发展的重要性在于，它为运动员提供了坚实的基础，使他们能够更好地应对专项训练的挑战。当运动员具备了扎实的全面身体素质时，他们才能够更好地承受专项训练的强度和难度，从而更好地提高自己的竞技水平。

第二，专项身体发展。专项身体发展是针对特定运动项目所需要的生理和身体素质的训练，也被称为专项身体素质。这种训练类型是为了满足不同运动项目的特定需求，如力量、技能、耐力、速度和柔韧性等。

第三，技术能力。技术能力训练强调以发展技术能力为核心，这是获得成功所必需的条件。提高技术能力是以全面和专项身体发展为基础的，如完成体操十字支撑动作的能力，要受到生物动作能力中力量因素的制约。技术能力训练的最终目的是完善技术动作，优化专项运动技能，专项运动技能是展现最佳竞技状态所必需的。

第四，心理素质。心理素质是确保发挥最佳体能所必需的要素，有些专家也称之为个性发展训练。

第五，健康保养。大学生应当对健康状况保持足够的重视。健康保养可以通过定期进行身体检查和制订合理的训练计划来实现，其中合理的训练计划包括交替进行大量艰苦训练和阶段性休息。伤病和疾病在训练过程中应重点考虑。

第六，伤病预防。预防损伤的最佳方式是确保运动员已经提高了身体能力，形成了参加严格训练和比赛所必需的生理特性，并确保进行适量训练。安排不当的训练将会增加受伤的风险。对于大学生来说，以全面发展身体为目标是极为重要的，这样可以提高生物动作能力从而降低受伤的风险。此外，疲劳控制也尤为重要，越是疲劳，伤病的概率就越大。因此，应当合理制订训练计划。

第七，相关理论知识。应当在训练过程中充实运动员有关训练、计划、营养和能量再生等方面的生理学和心理学知识。大学生理解进行某种训练活动的原因非常重要，体育教师可通过针对各项训练的目标组织讨论或要求运动员参加座谈会议来达到这一目的。这样有利于体育教师和学生更好地制订出训练目标。

（二）运动训练的原则

运动训练的原则是运动员参加运动训练需要遵循的基本准则。这些原则是在长期的运动训练实践中积累起来的具有普遍意义的概念总结和有关科学研究的成果，反映了运动训练的客观规律。运动训练中大学生如不遵循这些基本原则，盲目地进行训练，不仅不能促进身心全面发展、获得良好的训练效果，反而易引起运动损伤或者运动性疾病，损害健康。下面对运动训练的基本原则进行具体介绍。

1. 竞技需要原则

竞技需要原则是指根据运动员的竞技能力需求，从实战角度出发，制订科学合理的训练计划。这一原则强调训练应紧密贴合专项的特点和实际比赛需求，以提高运动训练的专项针对性、实战性和实效性。通过这种方法，运动员可以在竞技比赛中获得更好的成绩。具体来说，这一原则包括训练阶段划分、内容选择、方法运用和负荷安排等方面。贯彻竞技需要原则，需要注意以下两个方面。

第一，需要对专项竞技能力的构造特点进行准确的分析和解读。由于每个运动项目都具有独特的专项性，这使得不同项目在竞技能力构成因素上存在差异。因此，对不同项目的竞技特点和运动员竞技能力结构特点的剖析显得尤为重要。

这种深入的了解和分析，可以明确不同项目训练负荷内容的重点和方向。通过了解每个项目的专项特点和竞技能力结构，可以为不同项目的运动员制订具有针对性的训练计划和方案。这样可以更加有效地提高运动员的竞技水平，使其在比赛中取得更好的成绩。

第二，注意负荷内容的合理构造。在训练过程中，除了熟练掌握合理的动作技巧，我们还需将主要精力放在如何更有效地提升体能水平上。通过增强力量和耐力，我们可以实现竞技水平的持续提升。

2. 动机激励原则

在高校体育运动训练中，要通过各种合理的途径和方法激励大学生主动从事训练。遵循动机激励原则就是要不断激励运动员，培养其自我调控能力、独立思考能力以及创造能力。其有如下几个方面的具体要求。

第一，要满足大学生的基本生活需求。实践证明，人们只有在基本的物质需求得到满足之后，才会进行更高层面的追求。所以，在高校运动训练中，一定要满足大学生的物质需求，同时还要注意其人身安全等。只有这样，才能更好地引导其形成实现自我价值的更高层次的目标和追求，从而产生良好的运动训练动机。

第二，在高校体育运动训练中，要对运动训练的目的性进行明确，使大学生逐步形成自觉从事运动训练的态度和动机，引导其从不同的角度和层次认识参与运动训练的意义和价值，培养其正确的价值观。

第三，在高校体育运动训练中，要以大学生为主体。这就要求体育教师在对学生进行运动训练时，必须注意以下几个方面：一是明确学生的主体地位；二是要注意有意识地培养学生独立思考的能力；三是要引导学生提高自我反馈的能力，培养学生进行自我分析和评价的能力。

第四，在高校体育运动训练中，要选择科学的训练方式。对于过去那种简单、粗暴的"从严"训练方式，体育教师要在正确认识和理解"从严"含义的同时，结合现代科学合理的方式对其进行调整和改变。

3. 负荷适宜原则

为了达到最好的训练效果，需要根据训练任务、训练对象的水平，科学地安排每个训练环节的负荷量，这就是所谓的适宜负荷原则。

在高校体育运动训练过程中，运动训练负荷的加大必须循序渐进。在加大运动训练负荷过程中要处理好负荷量和负荷强度的关系，掌握好负荷与恢复的关系。

4. 区别对待原则

区别对待原则是指在运动训练中，根据运动员的个体差异、训练条件和任务的不同，采取相应的训练方法和手段，对训练内容、负荷进行有针对性的安排。这样可以更好地满足不同运动员的训练需求，提高训练效果。大学生在身体条件、心理品质和个性特征等方面都表现出明显的差异，因此在训练中要始终遵循和贯彻区别对待的原则。贯彻区别对待原则，有利于发掘运动员的潜力，防止训练中个别人脱离整体的现象。只有进行正确的区别对待，有的放矢地进行训练，才能取得良好的训练效果。

5. 周期安排原则

周期安排原则是指根据运动训练结构特点、重大赛事安排规律和竞技状态呈现特征，组织训练过程的训练原则[1]。这一原则主要强调训练过程的周期性、竞技状态提高的规律性和训练周期确定的计划性。一般来讲，根据当代世界性运动竞赛时间的安排特点来看，运动竞赛多为周期性规律，如四年一次的奥运会。为了有效地提高成绩，教练员必须根据这种周期性规律，合理制订训练计划，调节训练过程。

6. 直观训练原则

直观训练原则是一项非常重要的运动训练原则，它是依据直观性与动作技能形成的教学原理所确立的大学生运动员必须遵循的准则。其主要目的是使这些大学生运动员能更有效地完成技术、战术和智力训练的任务。在教学过程中，直观性教学有很多种手段和方法，而且现代运动训练更加强调直观性原则的运用。运

---

[1] 王治华, 丁攀. 赛艇双桨技术动作的解剖学分析及专项力量训练[J]. 武汉体育学院学报, 2006(7): 57-59.

动训练中，尤其是训练初期，遵循和突出教学训练的直观性十分重要，具体来说，应注意以下几点。

第一，合理地选用直观手段。选用各种直观手段时要注意选择那些目的性最强的手段，并必须明确所选的各直观训练手段所能解决的主要问题，同时根据不同对象、不同运动项目和训练内容的特点，选择和应用有针对性的直观手段。

第二，根据学生的个体特征选择直观手段。选择和运用符合运动员个体的特点及训练水平的直观手段，且针对不同训练水平的运动员，在训练时应采用不同的直观方法和手段，同时，还要注意采用不同的训练强度。

第三，在高校体育运动训练中，应先进行直接示范。在学生对体育知识掌握到一定程度后，可以通过录像或直接观摩优秀运动员的表演和比赛等手段来启发学生主动思考，并逐步找出体育运动的规律性。

第四，注意掌握运用直观手段的时机和方法。教师可用语言信号、固定的身体姿势或慢速动作，来加深运动员对空中方位、肌肉用力情况的理解。

7. 系统训练原则

在现代运动训练中，只有坚持进行多年不间断的系统训练，才能对所要掌握的运动技能进行不断重复和巩固，才能完成运动技能的系统化积累。另外，这种多年的系统性训练也是在现代竞技运动中获得优异运动成绩所不可或缺的一环。多年的系统训练和周期性训练是贯彻系统性原则的重要手段。

（三）运动训练的理念

1. 国际化理念

当前，各竞技体育运动项目均呈现出多元化的发展趋势。究其原因，主要是因为一些国家的高水平运动员参加的国际比赛较多，而且愿意为自己的国家效力，从而提高了这些运动员所在国家的比赛水平。这些优秀运动员回国后，将国际上一些科学的训练理念、创新性的训练方法带回国，促进该国运动竞技水平的提高。各国的教练员之间也不断创造互相学习与研讨的机会，在自己的运动队中引入其他国家一些先进的训练理念与科学的训练方法，从而促进世界竞技体育运动整体向前发展。

2. 尊重规律理念

任何事物的发展都有其内在的规律。体育运动竞技规律对促进体育运动不断向前发展具有积极的作用，所以现代运动训练要符合体育运动的一般规律。

（1）集体性

集体性规律主要是针对集体性体育运动项目而言的，该类运动比赛中既要充分发挥运动员个人的才智，又要重视集体的配合。集体性是集体性体育运动项目竞技规律的核心，运动队的整体性目的和任务、个人的团队协作精神都可以在运动训练与比赛过程中体现出来。运动员只有在运动训练与比赛中将自己融入集体，充分发挥个人在集体中的重要作用，才能更好地为全队做出贡献，提高全队的整体比赛能力。此外，教练员也要采取一定的措施与方法将运动员的积极性和主观能动性充分调动起来，在制订全队的战术过程中，要考虑到整个运动队的利益，不可失之偏颇。综上所述，集体性体育运动项目中运动训练的竞技规律表明，要遵循集体性原则进行运动训练。

（2）攻守平衡

进攻与防守之间的矛盾是集体性竞技体育运动的主要矛盾之一。进攻的一方与防守的一方是对立统一的关系。竞技体育运动比赛中，要想取得胜利或保持比赛优势，就要平衡进攻与防守。根据当前体育竞技运动大的发展趋势可知，在比赛中取得胜利不仅需要有较强的进攻能力，更需要具备较强的防守能力，防守能力在一定程度上反映了运动员或整个运动队的总体实力。综上所述，在运动训练中，要强化平衡进攻与防守的意识，并加强这一方面的科学训练。

（3）全面与特长发展

该规律适合集体竞技体育运动项目的训练。具体来说，全面的内涵包括两方面：一方面是整个运动队要具备全面的总体实力；另一方面是运动员要具备全面的个人技术。特长是指在总体实力与个人技术全面发展的基础上，突出发展运动员的优势技术。运动训练发展的基本特征之一就是把运动员培养成既具有全面技术能力又具有特长技术能力的运动人才。

运动训练过程中，运动员要将自身全面技术能力与特长技术能力发展的关系处理好，同时教练员也不能一味地注重发展运动员的全面技术能力，而是要在全面技术能力发展的基础上对运动员的特长技术能力进行科学训练，处理好全面与特长的关系。

3. 与时俱进理念

随着现代科学技术的进步，运动训练从理论到实践不断推陈出新，日新月异。目前，借助新的科学理论（如系统论、控制论、信息论等），运用新的训练模式的实践正在不断被尝试和创新。训练方法日益多样化得益于运动员和教练员在运动训练方面积累了丰富的经验，他们总结了多种多样的训练理论、训练模式。以训练方法创新为例，传统训练方法在得到保存的同时，电刺激法、计算机训练法等新的训练方法因高科技手段的引进在运动训练中得到了应用，新的训练方法与传统的训练方法相结合，使得训练更加科学、有效。在科学理念的指导下，只有不断创新和突破旧有训练模式、方法、手段，与时俱进，才能进一步推动运动训练的科学化发展。

4. 系统控制理念

运动训练中要擅长对系统控制理念进行合理有效的利用。要以系统控制基本理论以及运动的特点为依据，将运动训练系统明确化，从训练的实际出发，协调系统中的各要素，全面提高运动员的技战术能力、集体协作能力与竞赛能力，从而取得更好的训练与比赛成绩。

5. 教育性训练理念

教育性训练理念从其理论上来讲涉及许多方面，要想更加深入、全面地对教育性训练理念进行阐述，可以将其理论基础分为以下两个方面。

第一，重视运动员综合素质的发展。优秀的运动员必须是综合素质较高的运动员，而运动员自身的文化教育水平在很大程度上会影响其综合素质的提高和对运动技能的理解、学习、应用、创新，因此，要关注运动员的综合素质的发展。

第二，重视运动员运动技能的发展。运动员运动技能的发展在很大程度上与其自身的受教育水平有关。现代体育运动的较量，往往取决于体能、技能、心智能力等几大因素。一般情况下，具有较高运动智能的运动员，之所以能够大幅度提高竞技能力，除了其能够较为深刻地把握运动的特点和规律外，还与其能够更准确地认识运动训练理论和方法密不可分。

6. 实践性训练理念

实践性训练理念的理论基础是多方面的，为了能够更加全面、深入地了解实践性训练理念，可以将其理论基础分为两个方面。这两个方面同时也是对运动员的基本要求。具体内容如下。

第一，训练内容、方法要与客观规律相符。简言之，就是求真。所谓的求真，就是在运动训练过程中，要以运动的本质特点和规律为依据，进行科学的指导，力求符合实际情况并遵循客观规律。具体来说，运动员的技术应用应符合运动规律和项目的本质特征。

第二，训练内容、方法要从实际出发。客观环境、条件是影响运动训练的重要因素。在现代运动训练中一切都要以符合实战为主，从实际出发和结合实战是训练最有效的方法。要想取得理想的比赛成绩，一定要做到积极地进行训练，并且训练内容尽可能与比赛相一致，最大限度地将比赛当中可能用到的部分练习到位。

（四）运动训练的内容

1. 体能训练

进行体能训练的主要目的在于促进运动者身体素质的提高，只有体能素质提高了，才能为接下来的运动锻炼奠定良好的基础。

2. 心理训练

心理训练也是运动员运动训练的重要内容之一，通过心理训练，运动员的意志品质、思维品质等都能得到很好的锻炼。心理训练应与其他训练内容相结合，以取得更有效的效果。当然，也可以专门进行心理训练，以提高运动员的心理健康水平。

3. 智能训练

智能训练是指运动员在运动训练或竞技比赛中充分运用基础和专项理论知识，并培养解决现实问题的能力。这种能力包括对运动技能的掌握、理解、分析和应用，以及对比赛策略的制订和执行。

4. 技术训练

技术训练旨在改进、提高和完善运动动作，是运动训练的高级阶段。其涵盖了广泛的领域，而针对高水平运动员的技术训练则更加专业化，主要涉及技术环节、技术细节和技术基础三个维度。

（五）运动训练的方法

1. 分解训练法

分解训练法，顾名思义，是将一个完整的技术动作或战术配合过程拆分为多个小的环节或部分，然后对每个环节进行单独的、针对性的训练。通过这种训练方法，可以让运动员更加集中精力地完成特定的训练任务，特别是那些复杂且难以直接掌握的技术动作和战术配合环节。这不仅可以加强主要技术动作和战术配合环节的训练，还可以有效提高训练的效益和效率。分解训练法主要用于那些复杂度高、难以直接掌握的技术动作或战术配合过程。同时，对于那些需要专门训练的技术动作或战术配合环节，分解训练法同样适用。这种训练方法可以帮助我们更加有效地掌握和提高相关的技能和战术。

分解训练法主要包括四种基本类型：单纯分解训练法、递进分解训练法、顺进分解训练法和逆进分解训练法。其中，单纯分解训练法是指将整体技术动作或战术配合过程拆分为若干个独立的环节或部分，然后分别进行训练。递进分解训练法则是在完成前一个环节或部分的基础上，逐步引入下一个环节或部分的训练。顺进分解训练法则是在整个过程中按照环节或部分的顺序依次进行训练。逆进分解训练法则是在整个过程中按照环节或部分的逆序依次进行训练。

2. 完整训练法

运动练习的完整训练法是指从技术动作或战术配合的开始到结束，没有中断或分割的练习方式。这种方法对于让运动员全面掌握技术动作或战术配合非常有帮助。通过整体练习，运动员可以更好地理解技术动作或战术配合的结构和各部分之间的关系，从而更好地掌握核心要点。同时，完整训练法还有助于提高运动员动作的连贯性和协调性，使他们在比赛中更加灵活自如地运用技术动作或战术配合。

3. 重复训练法

重复训练法是指多次重复相同的练习，之间可以进行适当的休息。通过多次重复相同的动作或者一组动作，不断强化运动条件反射，有助于运动员掌握和巩固技术动作。同时，相对稳定的负荷强度的多次刺激，可以使机体尽快产生较高的适应性机制，有助于运动员提高身体素质。重复训练法的关键因素包括单次（组）练习的负荷量、负荷强度以及每次（组）练习之间的休息时间。休息方式可以包括静止、肌肉按摩或者散步。根据单次练习时间的长短，重复训练法可以分为短时间重复训练方法、中时间重复训练方法和长时间重复训练方法三种类型。

4. 间歇训练法

间歇训练法是指在多次练习过程中，严格规定休息时间，使机体始终处于不完全恢复的状态，实现反复训练的效果。这种严格的间歇训练过程有助于增强运动员的心脏功能。通过调节运动负荷的强度，可以使机体适应与相关运动项目相匹配的变化。严格控制休息时间有助于运动员在激烈对抗和复杂困难的比赛环境中巩固技术动作。同时，通过提高负荷心率，可以增强机体的乳酸耐受能力，确保运动员在保持较高运动强度的同时具备持续运动的能力。

间歇训练法主要分为三种基本类型：高强度间歇训练方法、强化性间歇训练方法和发展性间歇训练方法。这三种不同类型的间歇训练法各有其特点，可以根据具体需求选择合适的训练方法。

5. **持续训练法**

持续训练法是一种采用较低负荷强度、较长负荷时间，无间断连续练习的训练方法。在训练过程中，平均心率应保持在每分钟 130～170 次。这种训练方法有助于改善技术动作，使机体在长时间的负荷刺激下产生稳定的适应能力，并提高内脏器官的适应能力。同时，持续训练法可以增强有氧代谢系统的供能能力，并为进一步提高无氧代谢能力和无氧工作强度打下坚实基础。根据训练时持续时间的长短，可以将持续训练法分为短时间持续训练方法、中时间持续训练方法和长时间持续训练方法三种类型。不同类型的持续训练法有其特点，可以根据具体需求选择合适的训练方法。

6. **变换训练法**

变换训练法是一种通过不断变换运动负荷、练习内容、练习形式和条件，以提高运动员的积极性、适应能力和应变能力的训练方法。这种训练方法根据实际比赛过程中的复杂性、对抗程度的激烈性、运动技术的变异性、运动战术的变化性、运动能力的多样性和中枢神经系统的灵活性等因素进行设计。

变换训练法包括变换运动负荷和变换练习内容两种方式。通过不断改变运动负荷，可以让身体适应不同的运动负荷，提高承受不同专业比赛运动负荷的能力。通过变换练习内容，可以系统地训练和协调发展运动员的不同运动素质、运动技术和运动战术，使其具备实际比赛所需的多种运动能力和应变能力。

根据变换的内容，变换训练法可以分为负荷变换训练方法、内容变换训练方法和形式变换训练方法。负荷变换训练方法是通过改变运动负荷来达到训练目的。内容变换训练方法是通过变换练习内容来达到训练目的。形式变换训练方法则是通过改变练习形式来达到训练目的。

7. **循环训练法**

循环训练法是一种根据训练目标，将练习手段设置为多个练习站，运动员按照预设顺序和路径，依次完成每个站点的练习任务的方法。运用循环训练法可以有效激发训练热情、积累负荷痕迹、交替刺激不同的身体部位。

循环训练法的关键因素包括每站的练习内容、每站的运动负荷、练习站的安排顺序、站与站之间的间歇、每遍循环之间的间歇、练习的站数与循环练习的组数。可以根据个体差异，灵活调整这些因素，以提高不同水平和层次的运动员的训练积极性，合理地增加或减少练习密度，实现个性化训练。这种方法能防止局部负担过重，延缓疲劳的产生，同时有利于全面的身体训练。在实践中，循环训练法中的"站"指的是练习点。如果在一个循环内的站数中，有若干个练习点是以一种无间歇的方式连接，那么这几个练习点的集合可以被称为练习"段"。因此，在考虑循环练习的顺序时，有时应以练习"站"为单位，有时则应以练习"段"为单位。

根据各组练习之间间歇的负荷特征，循环训练法的基本类型可以分为三种：循环重复训练、循环间歇训练和循环持续训练。

二、运动训练学在高校体育教学与科学训练中的作用

（一）运动训练学在高校体育教学中的作用

1. 运动训练学的内容、过程对高校体育教学的启示

从理论角度来看，高校体育运动训练主要关注竞技运动，这既可以理解为一种高水平的体育活动，同时也是大众身体娱乐的一种广义形式。参与竞技比赛可以满足人们的精神需求，带来身心愉悦的感受。尽管高校体育运动训练和体育教学属于两个不同的领域，它们的内容和训练过程也存在一些差异，但不可否认的是，它们的最终目标是相同的，即锻炼身体，提升人们的体质。这决定了体育运动训练和高校体育教学在一些内容和过程上存在一定的共同之处。

在运动训练中，持久性的锻炼能够帮助运动者更有效地掌握训练方法和技能，为高校学生的身体锻炼提供科学的依据。相对于高校体育教学而言，体育运动训练是一种专业的训练活动，可以为高校体育教学提供重要的指导方向。在高校体育教学中，借鉴体育运动训练的内容和过程，可以确保实现体育教学目标。

2. 运动训练学的方法和原则对高校体育教学的启示

在学生参加体育训练时，常常会受到多种教学因素的影响。因此，在进行体育训练时，教师应当严格遵循教学原则，确保训练的准确性和有效性。同时，学校和教师应当定期进行研讨，根据教学和学生的实际训练情况，总结并分析相关经验。只有不断总结训练方法和相应的训练原则，才能更好地提高学生的积极性和参与度，促进他们的身心健康，提高他们的体育训练效果。

高校体育训练和体育教学在很多方面都有着相似之处。例如，在俯卧撑训练

中，教师可以通过引导学生采用正确的姿势，来帮助他们养成良好的体育练习习惯，从而提高身体素质。此外，这种方法也有利于学生在训练过程中养成认真负责的态度，逐渐形成一种对他们一生都有重要影响的行为习惯。因此，运动训练方法和训练原则在体育教学中具有非常重要的地位，它们有助于促进学生全面发展。教师应结合体育训练的过程，逐步提升学生的整体素质。

（二）运动训练学在科学训练中的作用

运动训练学可以为科学训练提供指导，有助于提高训练效果。运动者的成长需要经过长期的系统训练，并逐步获得良性的积累效应。整个过程容易受到各种因素的影响，因此需要加强科学化控制，采取系统化和整体化的训练方案，并准确把握规律，妥善处理各个竞技能力要素之间的关系，以实现科学训练的目标。

第三章 高校体育教学过程设计与目标设计

在高等教育中，体育教学是非常重要的一部分。它不仅可以提高学生的身体素质，增强学生的健康意识，还可以培养学生的团队合作精神和竞争意识。因此，设计合理的高校体育教学过程和目标是非常必要的，过程和目标的设计是体育教育的重要组成部分，这旨在提高教学质量，实现体育教育的目标。本章围绕高校体育教学过程设计和高校体育教学目标设计展开研究。

第一节 高校体育教学过程设计

一、高校体育教学过程概述

（一）高校体育教学过程的内涵

1. 高校体育教学过程的含义

高校体育教学过程，具体来说是教师根据一定社会要求和学生特点，指导学生有目的、有计划地掌握学科知识和技能，实现身心全面发展的过程[1]。高校体育教学过程的含义如下。

第一，体育教学过程是体育教师的"教"和学生的"学"组成的双边活动过程。

第二，体育教学过程是一个动态过程，体育教学过程会受到各种内在与外在、主观与客观因素的影响。

第三，体育教学过程是师生以身体练习为重要媒介的交往实践过程。

---

[1] 张冯. 高校体育教学原则探析 [J]. 教育与职业, 2013（11）: 149–150.

2. 高校体育教学过程的性质

（1）高校体育教学过程是学生掌握运动技能的过程

高校体育教学过程是学生对运动技能进行掌握的过程。从本质上来讲，体育课程的教学就是在身体练习不断反复开展的过程中，使学生能够对运动技能进行掌握，同时，在对运动技能进行掌握的前提下再接受其他方面的养成教育。同体育课程不同，其他学科的教学过程实际上就是，学生对概念进行识记，并且对推理、判断等思维方式进行应用，对科学知识进行掌握，同时使学生的智力得到发展。因此，将高校体育教学过程理解为学生对运动技能进行掌握的过程。

（2）高校体育教学过程是提高学生运动素养的过程

对运动技能进行掌握的前提就是，使运动素质得到提高，同时，还要使大肌肉群的运动素质得到有效提高，运动技能与运动素质提升之间存在互相促进的关系。在高校体育教学活动开展的过程中，在重视学生掌握运动技能的同时，还应该对学生运动素质的提升给予一定的关注，并且，在对高校体育教学进行设计，对高校体育教学进度进行安排，对高校体育教学内容进行选编的过程中，应将运动技能与运动素质的提升紧密地联系在一起，保证二者的协调发展。

（3）高校体育教学过程是形成学科知识和运动认知的过程

在高校体育教学活动开展的过程中，不仅强调学生对运动技能的掌握，还会组织、安排学生对其他知识进行学习，获得一定的运动认知。在某些时候，这也是运动技能掌握与运动素质提高的重要前提条件。所以，高校体育教学过程也是对体育知识进行掌握的一个过程。体育是涉及人文学科和自然学科的一门综合性课程，在以掌握运动技能为主的高校体育教学过程中，也会涉及许多知识的学习，这是掌握运动技能和提高运动素质的基础。因此，高校体育教学过程也必然是一个形成学科知识和运动认知的过程。

（4）高校体育教学过程是教师育人的过程

体育教师是体育教学过程的组织者与指导者，是学生学习的促进者，是学生学习能力的培养者，是学生的引路人。教师不仅仅向学生传授知识，还引导学生沿着正确的人生道路前进，并且不断地在他们的成长道路上设置不同的目标，引导他们向前，是学生成为具有健康心理、健康体魄、健康品德的人的促进者。教师在传授知识、技能的过程中，应成为学生学习的激发者、辅导者，从而使学生学会学习，学会锻炼，终身受益。

（5）高校体育教学过程是学生开展集体学习与集体思考的过程

高校体育教学的教学形式主要以"集体学习"和"小集体学习"为主，之所以这样，原因在于绝大部分的体育运动项目的完成都依赖集体形式或者小集体形式，所以，也应该在集体性学习与集体性思考的过程中完成体育技能的学习。现阶段的高校体育教学目标更加倾向于学生的集体学习，旨在使集体教育的潜在作用得到充分的发挥。同时，在高校体育教学中，集体性学习与集体性思考能够使教师与学生之间、学生与学生之间的沟通和互动得到加强，同时，还能够促进学生社会适应能力与社会交往能力的提高。所以，高校体育教学过程，也可以认定为学生开展集体学习与集体思考的一个过程。

（6）高校体育教学过程是学生对运动乐趣进行体验的过程

从生理学的角度上来讲，学生体育学习的过程是一项充满挑战、艰辛与磨砺的历程，它旨在对学生身体素质实施生物学意义上的优化改造，同时，也是体验运动固有乐趣，从生理和心理层面加以感受的过程。这种乐趣体现了体育运动的生命力，同时是高校体育教学的重要内容与目标，还是对学生体育参与意识进行培养的重要手段与途径，是终身体育运动开展的前提条件，所以，高校体育教学过程，可以理解为学生对运动乐趣进行体验的一个过程。

（二）高校体育教学过程的规律

任何一种事物的发展都遵循一定的规律，这是客观存在的。作为一种运动媒介，体育教学过程的根本目的就是促进大学生身体素质的提高，在这当中，必然也存在一定的规律。只有认识这些规律，才能对其进行驾驭，也才能够根据这些规律确定教学原则、教学方法、组织形式和教学手段，从而实现体育教学目标，提高体育教学质量。体育教学过程遵循一般教学规律，也遵循自身特殊的规律。

1. 高校体育教学过程的一般规律

（1）社会制约性规律

作为一种培养人的社会活动，高校体育教学必然要受一定的社会物质、文化条件，特别是一定社会教育目标及其内容的制约，相应地，体育教学目标和内容也不尽相同。例如，日本在20世纪70年代，根据终身教育思想、理论而提出了终身体育的思想，从而引发了学校体育教学思想的根本性转变，各国学校体育界均把"终身体育"思想作为体育教学的主要指导思想。

从目前我国高校体育教学实践的现状来看，体质教育和运动技术教育仍占主导地位，而终身体育思想则是学校体育教学指导思想发展的主要趋势。

此外，高校体育教学的过程也将会受到社会的经济和政治状况、文化发展水平和科学技术水平的影响。因此，高校体育教学的过程，必须与社会发展的条件和需求相适应。

（2）认识规律

高校教学过程以辩证唯物主义的认识论为方法论基础。人们认识任何事物，首先是从感性知觉开始的，只有感知到事物存在的现象，才能进入理性感知层次。一般而言，体育教学过程的主要矛盾就是教与学的矛盾，即大学生与所学体育知识、运动技能之间的矛盾，具体体现在教师布置的学习任务与学生完成这些任务的实际水平之间的矛盾。这一矛盾，实际上也就是大学生认识过程的矛盾。从这个角度上来讲，高校体育教学过程本质上也就是一种认识过程。

（3）学生身心发展的规律

身心发展的规律是指学生在身心发展过程中所表现出来的内在的、本质的、必然的联系。体育从本质上来讲，就是自然改造人自身的过程，强调生理机能和形态结构统一的同时，还强调身心的和谐发展。所以，高校体育教学过程，讲究身心发展的统一性。要想有效地促进学生身心健康发展，就必须了解并遵循其身心发展的规律。学生的身心发展具有一定的方向性和先后顺序，既不能逾越，也不会逆向发展。学生身心发展的顺序性决定了体育教学过程必须根据这一特点循序渐进地进行，应由浅入深、由简到繁、由易到难、由少到多、由具体到抽象，循序渐进。

学生身心发展还具有个别差异性。这就要求高校体育教学过程必须坚持因材施教的原则，即根据一定的教育目标和学生的年龄特点，采取不同的教育措施和方法，注意对个别学生进行特殊培养，采取弹性教学制度等教学组织形式，如允许加速学习或减速学习，采取"能力分组"及组织兴趣小组等形式。总之，在高校体育教学过程中，制订教学目标、安排教学内容、选择教学方法等，都必须遵循学生身心发展的规律，因材施教，以获得理想的教学效果。

（4）教与学辩证统一的规律

教学是由"教"和"学"双方组成的一种特殊的双边活动，这个活动既是教师教的过程，也是学生学的过程。教与学是体育教学过程的两个方面，缺少任何一个方面，教学就无法开展。教的一方要向学生传递知识，启发并引导学生进行积极的、有效的思维。学的一方要积极适应教学要求，不断地改变自己的知识结构，提高自己的能力水平，达到或超过规定的教学要求。在高校体育教学过程中，教师和学生具有不同的地位，教法与学法发挥着不同的作用，但二者又是相辅相成、相互影响的。教师的主导作用只是教与学关系的一个方面，学生是学习的主体，是教学成功的内部根源，教师的教学是外因，外因只有通过内因才能起作用。

（5）教学效果取决于教学基本要素合力的规律

在高校体育教学过程中，教师应发挥主导作用，同时要考虑学生的实际情况，将师生的体育意识、教学内容、教学方法和体育行为等要素有机地结合起来，形成一个动态、综合的"合力"。这种合力能够更好地达到预期的教学效果，促进学生全面发展。因此，确保教学效果的关键在于教师的指导和与学生的互动。

在高校体育教学过程中，教师和学生对体育的认识和理解会直接影响教学效果。教师应具有正确的体育观念和专业知识，能够激发学生的体育兴趣和积极性。学生则应对体育有积极的态度，能够主动参与体育活动。教师应根据学生的年龄、兴趣等特点，合理确定教学内容。内容应包括体育知识、技能和体育精神等方面，能够满足学生的学习需求和发展要求。采用合理的教学方法能够有效提高教学效果。教师可以结合讲解、示范、实践、互动等多种方法，以培养学生的体育技能、提高学生的体育素养。学生的体育行为包括参与体育活动、运动技能的表现等。良好的体育行为能够促进学生的身心健康发展，同时也能够对教学效果产生积极的影响。

2. 高校体育教学过程的特殊规律

（1）动作技能形成的规律

让大学生掌握一定的运动技能是体育教学过程的重要目标之一。通常，学生在掌握运动技能的过程中会经历如下几个阶段。第一阶段，从不会到会。学生刚开始接触某项运动时，可能对该运动的规则和技巧一无所知，缺乏相关的知识和经验。在这个阶段，教师需要引导学生了解基本的理论知识，并进行基础动作的示范和讲解，激发学生的兴趣和积极性，使学生从不会到会。第二阶段，从不熟练到熟练。在初步掌握基本动作和技巧后，学生需要通过反复练习来提高自己的技能水平。通过实际操作和不断的训练，学生熟悉和掌握了运动技能，从不熟练到熟练。第三阶段，从不巩固到巩固。即使学生已经掌握了运动技能，在实际运用中仍然需要持续巩固和提高。通过各种练习和实战，学生逐渐熟悉了各种情况下的应对策略和技巧，提高了自己的运动技能水平。

在这个发展过程中，教师起到关键的指导和引导作用。教师应根据学生的实际水平和需求，提供特定的训练和练习，帮助学生逐步提高技能水平，并及时给予鼓励和指导。同时，合理设置学习目标和评价标准，为学生提供明确的学习目标和反馈，促进他们更好地发展和提高运动技能。

根据不同阶段的特点、目标和要求来选择合适的教学方法和手段是获得理想的教学效果的重要途径。从理论上来说，动作技能的形成通常要经历粗略掌握动作、改进与提高动作、巩固与运用自如这三个阶段。在实际教学中，教师还应根据学生的实际情况和需要灵活调整教学方法和手段，使其更符合学生的学习特点和进展情况。同时，注重激发学生的兴趣和积极性，创设积极的学习氛围和学习环境，激发学生的学习动力，促进他们更好地发展和提高动作技能。

需要指出的是，在实际的体育教学过程中，确实存在时间和课程安排的限制，不可能在每个时段都完全按照"三段式"的教学理论进行。但是，即使在有限的时间内，我们仍然可以尽量贴近"三段式"的教学过程，以确保学生能够进行有效的动作技能训练。

在安排教学时间时，可以合理分配不同阶段的时间比例，将粗略掌握动作、改进与提高动作、巩固与运用自如三个阶段的教学内容逐步融入不同的教学单元和课时中。例如，在初学阶段可以花费更多的时间进行基础动作技能的训练和练习，而在后期则可以注重提高动作精准度和应用能力。此外，在每节课中，可以设立明确的教学目标，并结合学生的实际情况，选择合适的教学方法和手段来完成目标。例如，可以通过示范、解说、分组练习、游戏等多种教学形式进行教学，并根据学生的学习进展和反馈进行及时的调整和反馈。尽管在时间的限制下难以完全按照"三段式"的教学理论进行，但是仍然可以借鉴其理念和原则，灵活调整教学策略，确保学生能够全面有效地提高动作技能。

（2）人体机能活动能力变化的规律

在开展高校体育运动的过程中，机体功能活动能力会产生一定的变化。在高校体育教学过程中，教师组织大学生进行反复的运动训练，大学生的生理机能活动能力也必然发生一系列的规律性变化。这个变化就是人体机能活动能力从上升到稳定再到下降恢复的过程，即经历逐步上升阶段—稳定阶段—下降和恢复三个阶段，这一规律被称为人体机能活动能力变化规律。

由于高校体育教师使用的教法不同，教材的性质不同，再加上大学生本身的情况也不同，甚至气候条件等各有差异，大学生在人体机能活动能力上升阶段也会相应地表现出不同的特点。因此，在高校体育教学过程中，体育教师要注意遵循人体机能活动能力变化的规律，结合大学生自身的实际情况，因材施教，高效地完成教学任务。

（3）人体机能适应性规律

当机体承受较大负荷时，会产生过度应激性反应，体质下降，然后再恢复，并出现超量恢复。运动负荷是施加于身体的一种综合刺激，根据刺激与反应的生物学原理，在一定的生理范围内，运动负荷越大，人体的机能反应也越大，能量也消耗得越多，引起的超量恢复越明显，锻炼或训练效果就越好。

在高校体育教学过程中，大学生参与某一个体育项目时，身体要承担一定负荷的刺激，从而经历促进新陈代谢和提高机体能力的过程，因此，这个过程也表现出一定的阶段性。机体适应过程大体需要经历四个阶段：工作阶段、相对恢复阶段、超量恢复阶段、复原阶段。其中，超量恢复阶段，指的是机体经过合理的休息和能量补偿，物质和能量储备超过原来水平，机体的工作能力由此也得到了提高。根据人体技能适应性规律，教师在教学的过程中，必须合理地安排体育课的间隔时间，这样才能在机体运动规律内，帮助大学生大幅提升练习的效果，增强其体能，最终提高体育运动项目的技能水平。

（三）高校体育教学过程存在的主要矛盾

在高校体育教学过程中，主要存在三对矛盾：①体育教师的"教"与学生的"学"之间的矛盾；②体育教师同教材之间的矛盾；③学生与教材之间的矛盾。

在这三对矛盾中比较显著的就是体育教师的"教"与学生的"学"之间的矛盾。在高校体育教学过程中，体育教师与学生是两个重要的主体性因素，因而导致体育教师的"教"与学生的"学"之间双边互动的矛盾关系得以构成，并且在高校体育教学过程中，这一矛盾是始终存在的，同时，还能够对其他矛盾的存在与发展起到一定的支配作用，从而作为原动力，促进高校体育教学过程的发展。

（四）高校体育教学过程的功能

高校体育教学过程从本质上来讲，就是认识与实践之间协调发展的一个过程，这一过程的最终目标在于，使学生的全面发展得到促进。换句话来讲，高校体育教学过程的主要功能在于使学生身心诸方面的和谐发展得到促进。对于高校体育教学过程的功能进行全面的认识与开发,能够促进高校体育教学目标的更好实现。高校体育教学过程的功能主要会在以下几个方面的内容中表现出来。

1. 教育功能

高校体育教学的开展，不仅能够增长学生的知识，使其能力得到全面发展，还能够改变学生的思想情感、道德品质与精神面貌。在体育教学中，教师应该将教书与育人自觉地统一起来，充分发挥体育教学过程的教育功能，使学生思想品德与道德素养的发展得到促进。

2. 知识传递功能

体育教师通过体育教学过程的开展，能够将科学文化知识与基本技能技巧系统地向学生传递。高校体育教学过程实际上就是对学生有目的、有组织、有计划地进行培养的一个过程，通过此一过程，高校体育教学过程的知识传递功能能够高质量、高效率地发挥。

3. 智能培养功能

在知识传播与技能塑造的共同进步过程中，智能培育得以实现。这三个要素之间的关系极为紧密，彼此促进、相互依赖，形成一个有机整体。首先，智力活动的核心内容便是知识；其次，学习与应用知识的过程本身就是对智力的锻炼和能力的培养；最后，技能的形成能够显著简化智力活动过程，使智力水平的提升更加高效、经济且具有针对性。

4. 审美功能

作为教学艺术与教学手段，"美"的因素始终存在于体育教学过程中，并且在高校体育教学活动的各个方面都存在。在"美"的多样形式下，使学生对"教"所要传递的各种各样的教育信息顺利吸收，同时，获得美的体验与享受，使紧张学习导致的疲劳得到消除，促进一定审美趣味、审美观念与审美能力的形成。

5. 发展个性的功能

发展个性的核心在于知识传授、智能培养以及技能塑造。在个体生理条件与经验背景的基础上，每位学生都有可能构建独特的知识、智能与技能结构。同时，他们能够自我构建新的知识体系，为个性发展创造有利条件。然而，还需关注其他关键因素，如身体素质、态度、情感、动机、意志、品德、思想以及价值观。这些因素在决定学生个性发展方面具有重要作用，高校体育教学过程对此能产生积极影响。

二、高校体育教学过程的设计原则和表现形式

(一)高校体育教学过程的设计原则

1. 主导性原则

在整个高校体育教学过程中,体育教师起着主导作用。传统的体育教学过程中,体育教师的主要任务是讲解并传授知识,教师成为教学过程的"主宰者"。随着现代科学技术在课堂教学中的应用以及课堂教学改革的不断深入,教师除了进行信息编码、内容讲解之外,最关键的是要在课堂教学中起主导作用。"主导"不同于"主宰",教师在体育教学过程中不能只单纯灌输知识,而是应重视对学生的正确、合理引导,引导学生掌握知识内容。

2. 主体性原则

学生是高校体育教学的主体,在体育教学中发挥着十分重要的作用。对于高校体育教学来说,教师在教学中应充分尊重学生,结合学生的特点来安排具体的教学内容、教学方法、教学媒体,整个教学过程安排应符合学生的认知规律。

在高校体育教学过程中,教师应注重激发学生的学习兴趣,通过合理的教学安排充分激发学生的学习积极性,让他们有更多的课堂参与机会,促进师生有效沟通交流,使他们不仅"学会",更重要的是"会学"。

3. 规律性原则

高校体育教学过程设计的规律性原则,简单来说,就是体育教学过程设计应符合体育教学的一般规律。高校体育教学应遵循体育规律、教学规律、学生认知规律等,在这些规律的科学指导的基础上合理安排教学过程。高校体育教学中,学生是主体,教学过程应尊重学生的学习认知规律。在设计体育教学的过程中,只有符合学生特有的认知要求,才能获得理想的教学效果。

4. 方法性原则

体育教学过程设计的方法性原则要求体育教学过程设计应重视体育教学方法的科学安排,关注不同体育教学方法的选用可能产生的不同的教学效果。因此,在教学过程的设计中应有选择地对体育教学方法进行取舍,选取最适合教学内容表达、更容易被学生接受和激发学生兴趣的教学方法,如此才能充分发挥相应的体育教学方法的教学促进作用,也才能促进各个体育教学活动环节的顺利开展,

实现良好的体育教学效果。

此外，设计高校体育教学过程，应考虑整个教学系统构成，应该结合体育学科特点、学生的特点选择相应的体育教学方法。

5. 媒体优化原则

合理、科学地应用体育教学媒体对体育教学过程的顺利开展和良好体育教学效果的实现具有非常重要的作用，这一点是体育教学中非常明确的一点，体育教师在设计教学过程时，应注意体育教学媒体的使用与优化。

在现代化体育教学实践中，任何一种体育教学媒体都不足以支撑整个体育教学过程，体育教学媒体的运用要考虑各种媒体的优化组合。不同的体育教学媒体在体育教学中发挥着不同的作用，彼此之间可实现功能互补，就像人体各部分器官，虽然分工明确、各司其职，但都是为一个整体服务的，教学媒体系统功能的充分发挥也是通过多种媒体组合后形成的优化结构来实现的。在高校体育教学过程设计中，应灵活运用各教学媒体，使各教学媒体各施所长，互为补充，相辅相成，共同促进整个体育教学过程的优化，促使教师和学生都能顺利完成"教"的任务和"学"的任务。

（二）高校体育教学过程设计的表现形式

目前，在高校体育教学中，对体育教学过程的设计主要有以下三种表现形式。

1. 练习型

整个体育教学过程以学生的身体练习为主。教学中，运用教师示范和教学媒体的内容展示，为学生展示运动动作的路线、结构、要领等，帮助学生理解具体的技术动作，并通过学生练习，发现问题、纠正问题，再练习，最后对学生的动作技术掌握情况进行评价并提出改进意见和建议。

2. 示范型

示范教学法同样是以身体活动为主要形式的教学过程设计与组织，"示范"是体育教学过程设计的必要手段和重要途径。与重在"练习"的教学过程不同的是，示范型体育教学过程设计在"示范"上花费的时间和精力是非常多的，这种教学过程设计通常用于学习复杂的体育运动技能的第一次课中。

3. 探究型

探究型主要适用于在体育教学中组织学生观察、思考，探究原因、寻找规律等，如某次体育教学课的主要教学任务是某一动作技能的结构或原理的认知、理解、掌握，通过对教学过程进行"探究"设计，可有效激发学生学习的主动性，培养学生发现问题、探究问题、解决问题的能力。

三、高校体育课堂教学过程的具体设计

（一）导入阶段的教学设计

课堂导入阶段是教学过程的起始环节，它决定着课堂教学活动预期的方向和变化，涉及教学内容对学习者的导向和激励作用，影响着教学基本阶段的实施和组织，在很大程度上体现着一堂课结构的合理与否。课堂导入没有固定的模式，完全因教学的氛围、对象、目标的不同而不同。同一堂课可设计不同的导语，以期达到最好效果。在课堂教学中不管采用哪一种导语设计，都要为教学目的和教学重点服务，与讲课的内容紧密结合，自然衔接。课堂导入技能是教师组织课堂教学的基本技能之一，它用于上课的开始，是一堂课的首要环节，其主要功用是引起学生的注意，并激发学生的兴趣。因此，课堂导入成功与否，直接关系到整堂课的教学质量。

1. 捕捉资源：求异、创新

（1）求异

所谓"求异"，指课开始部分，教师将教学方法与教学艺术相结合，创设有助于教学的情境。因而，求异是课的"点火装置"，为学生进一步学习创造条件，对教学有强烈的感染功能，可以有效推动课堂教学走向高质量、高效益。有的体育教师把课上成"准备活动，千篇一律；基本部分，学生练习；结束部分，下课休息"，毫无求异可言，这就很不理想。优秀的体育教师恰似雕塑大师，匠心独运，座座雕塑迥异，每次课都有新意，学生都能有所收获。无论是不同教材的教法设计，还是组织教学的安排与调控，无不闪烁着一串求异的光芒，无不凝聚着教师独创性劳动的心血。

（2）创新

所谓"创新"，可解释为求实与求活的统一。体育教师临场开始授课，犹如导游进入工作状态，随时会产生自己的情感、直觉、兴致、灵感等，因而需要随机应变，现场发挥。这种即兴的发挥就是对原教学计划预设的创新，是顺乎教学情境之自然或必然，能收到锦上添花之功效。求新的发挥，看似简单，其实不易，它要依赖于教师长期的知识和经验积累。因而，高校体育教学的"创新"即体现科学再现教学内容与善用教学艺术技巧的统一，高效地完成教学任务。教学中善

于创新的教师，必定会注意教法的优选和活用，注重于将学习主体情境性地激活。

2. 科学导入：有效建构

课堂教学结构本身就是一个系统，教学的目标、内容和方法是相互联系、相互作用的。课堂导入设计是一个多因素构成的部分，只有了解了主体、客体、条件和手段，以及它们之间的关系，并对它的各个要素的特性、作用加以合理组合，才能产生最佳功能。

要创建课堂导入阶段有效学习的环境，就应该让学习者不是被动地接受信息，而是根据自己先前的知识对当前知识进行积极建构；让学习者的学习是累积性的、自我调节的和目标定向的，同时也是情境性的和合作的。正是由于学习产生于学习者与环境互动情况下的积极建构，因此，为学生提供一个有效的学习环境，就成为课堂导入必须解决的问题。

（二）教授阶段的教学设计

1. 逻辑思维和形象思维相结合

要想将逻辑思维和形象思维相结合，要做到以下两点。

一是从知识学习的同化机制出发，即教学内容的安排应该遵循"逐渐分化的原则"。所谓"逐渐分化的原则"，是指学生首先应学习最一般的、包摄性最广的概念，然后根据具体细节对它们逐渐加以分化，显示出渐进的结构性。从整体到分化，或者说，从具体到抽象的排列，是与人类习得认知内容的自然顺序和个体对知识的组织、储存方式相吻合的。如果教师有意识地按此方式组织教学内容，就能够使学习达到较佳水平。

这种从具体到抽象的排列恰好与体育教学相符合。在体育教学中，教学内容的安排往往遵循从具体到抽象的序列。教师们也习惯性地认为，从具体到抽象符合学生认知的规律，能够为后续具体内容的学习提供导航的作用，便于进行结构之间的转换训练。

二是大脑对信息加工的过程体现了两个特点：第一，加工过程是分布在大脑的许多区域同时进行的；第二，加工过程是分层次的，自下而上加工与自上而下加工同时进行。因此要促使认知有效发生，应该将逻辑思维与形象思维相结合。

2. 与学习的个人意义、合作学习、集体对话相联系

课程的教授阶段要做好以下两点，有效学习与有效教学才会发生。

①教学设计要与学习的个人意义相联系，并激发学生的兴趣和积极性。学习

的个人意义是学生主体性和主动性的体现,当学习内容能够与学生的实际需求和个人兴趣相联系时,学生会更加投入和主动地参与学习过程。这样的个人意义联系可以引发学生的"应激",激发他们的学习兴趣。

教师在教学设计中,可以根据学生的兴趣、需求和背景,选择和设计与学生相关的实际场景和话题,使学习内容具有现实意义和个人意义。同时,教师还可以通过多样化的教学方法和活动,提高学生的学习热情和参与度。

②教学设计应该与合作学习和集体对话相联系,并通过这种方式引发学生的"共振"。合作学习和集体对话可以促进学生之间的交流和合作,从而丰富学生的学习经验。

所谓"应激",是指体育教师在教学活动中,遵循教学规律,灵活性地组织教学,将体育知识、技能与审美相结合,寓教于乐、寓情于理,是教师将教学方法与教学技法完美结合的表现。所谓"共振",原是物理学术语,指外力频率与物体固有频率接近或相等时,该物体发生振动的幅度就会急剧增大。体育教学的方法手段与学生的学习也存在"共振"效应,即体育教学设计要与学生的需要接近或吻合,体育教学的信息量要与学生的信息源接近或吻合等。

(三)结束阶段的教学设计

课堂教学是一个互相关联的整体,课堂结束是这个整体的"收尾"。课堂的结束阶段一般承担着复习知识、总结要点、归纳结构、建立体系、反馈信息、传授方法、拓展应用等任务,要做的工作主要有以下四点。

1. 课堂结束的教学设计

在实际的教学中很多教师把注意力全部放在了基本教学部分,不注意对课堂结束教学设计内容进行深度开发。其实自己的课堂自己负责,用心去做会有意想不到的效果。开发教学资源从开发教师自己的智慧开始。学生因为你的智慧而快乐地运动,而自己也会享受自己带来的快乐。

体育游戏由于其内容丰富、形式灵活,又富有一定的情节性、竞赛性和趣味性等,长期以来,不仅是中国学校体育教学的重要内容,同时也是体育教学的一种形式、方法和手段。

2. 学习行为的评价

(1)"巩固知识"和"应用知识"

这一点主要是布置课外体育练习,使学生能够及时巩固所学知识,并能够在新情境中综合运用新旧知识去解决问题，使学生的认知、情感和行为有一个更深层次的发展。教师在结束阶段，要为学生提供必要的练习设计和场地器材，使学生将所学的知识用于实践，转化为技能，以利于学生建立自信心。

（2）对学生学习行为进行积极评价

传统的教学方式简单，用优、良、中、差等对学生的学习效果进行评价，不利于学生确切了解自己的学习情况，缺乏师生之间的情感交流。教师应从再进步出发，对不同层次的学生学习行为进行积极评价，有针对性地分析学习中的得失，融洽师生关系，更好地发挥教师的指导作用。以下是各类评语的示例。

①表扬性评语。人都是渴望得到表扬的，教师要善于发现其优点，及时进行肯定和表扬。

②鼓励性评语。例如，对上课比以前认真的学生说，"认真是进步的开始"，或"很好，尽管还有点小错，由衷地希望你能在以后取得更大的进步"；鼓励学困生，可以说"可别灰心，失败是成功之母，只要刻苦锻炼，你也会像其他同学一样学好体育的"。此类富有情感的评语，能使学生大受鼓舞，从而激发其学习的积极性。

③指导性评语。如对认真工作但不够大胆的体育干部说，"你是老师的好帮手，老师非常感谢你！今后你能做得更好"；对学习遇到困难，想打退堂鼓的学生说，"虽然你的篮球打得不太好，但功夫不负有心人，只要练习你一定会OK"……这些适时、亲切的评语能够滋润学生的心田，指引学生努力的方向，激励学生奋发向上。

④启发性评语。当学生学习走了弯路或遇到障碍时，可写暗示或明示性的评语，以启迪学生的思维。例如，"请再认真思考有无最佳的练习方法"。此类评语能给学生提供一个再思考的机会和想象的空间，从而加深他们对问题的理解，激发灵感，发展思维能力。

⑤劝勉性评语。在劝勉性评语中，教师要用委婉的语言，提出自己的看法或建议，并指出今后应当如何学练。通常所用的评语有，"你今天跳绳做得真棒，就是耐力差了一些，希望下次课你能做得更好，老师相信你能行！"这种劝勉性的评语，不仅能指导学生正确处理学与做的关系，端正学习态度，从而提高学习效率，而且还能使学生树立信心，振奋精神，增进师生的感情。

⑥警示性评语。有些体育成绩好的学生易于骄傲，需要及时提醒，以利于他们朝着更高的目标前进。例如，"在体育方面，你有很好的天赋，成绩在班里一直名列前茅，不过，虚心使人进步，骄傲使人落后！"这类评语，有助于培养学

生谦虚谨慎、奋发向上的学习态度和良好的练习习惯，对今后的工作和学习都大有裨益。

3. 新教学信息的传递

结束阶段传递后续课的新的教学信息是非常重要的。它的作用：一是帮助学生组织要学习的材料，熟悉新知识的内容，以一种有组织的方式进入学习者认知结构之中，为后续进一步学习做好准备；二是创造可教学的时刻，促使学习产生个人意义。因为教学实践表明，学生越积极投入学习材料的加工，学习过程就越好。需要做好以下几点。

①帮助学生合理设置目标，让学生相信他们会很好地完成。

②提供实现条件和环境。提供多样的学习活动，改变教学活动方式，帮助学生维持注意力和更新兴趣。

③使用合作学习的方法，减少压力和焦虑。分配任务，让成绩好的学生去帮助成绩差的学生。

④监控学生学习。运用激励、表扬等手段提高学生的学习兴趣。

4. 课后的反思

优秀教师的成长公式：经验＋反思＝成长。教师自己的工作经验是取之不尽的活水源头，是教学策略的源泉。教学活动的反思主要包括：对自己的教学经验不断地进行总结和理性反思，要记反思日记；在教学观摩中进行反思，对同事的教学行为进行评判反思；对学生的学习结果和行为变化进行反思。

第二节　高校体育教学目标设计

一、高校体育教学目标概述

（一）高校体育教学目标的内涵

1. 高校体育教学目标的含义

高校体育教学目标：让学生掌握一定的体育知识和技能，培养学生对体育的兴趣和爱好，提高学生的身体素质和健康水平，促进学生的全面发展。

具体来说，高校体育教学目标可以分为以下几个方面。一是培养学生的健康意识。通过各种体育项目的学习和实践，提高学生的身体素质和健康意识，增强体能和耐力，增强身体的免疫力和抗病能力，使学生具有更好的身体素质和健康意识。二是培养学生的团队合作精神。通过团队运动项目的学习和实践，培养学生的团队合作精神，让学生学会如何与他人合作、如何分工合作、如何协调团队内部的关系。三是培养学生的终身体育意识。通过体育课程，学生可以了解到身体健康的重要性，学会如何保持身体健康，养成良好的生活习惯。四是培养学生的心理品质和社会适应能力。通过体育课程的学习，可以培养学生的自信心、自尊心、意志品质等心理品质，同时也可以提高学生的社会适应能力。

2. 设定高校体育教学目标的依据

在设定高校体育教学目标时，要考虑多方面的因素。首先，我国高等教育的教学方针、体育方针以及相关政策的基本精神是重要的依据。这些方针和政策反映了国家和社会对高校体育的要求，为我们的教学目标设定提供了方向和指导。其次，国家教育行政部门制定颁布的高等学校体育课程标准也是重要的指令性依据。这个标准根据高校体育的总目标，详细设定了各年级的教学目标和各项教材的教学目标，为我们的教学提供了具体的实施方案。此外，我们还需要考虑高校体育教学的本质特征与功能，以及大学生身心发展的特点及其规律。最后，我们不能忽视高等学校的实际客观条件，这些也是制订高校体育教学目标的重要因素。

（二）合理设定高校体育教学目标的意义和功能

1. 合理设定高校体育教学目标的意义

合理设定高校体育教学目标的意义主要体现在以下几个方面。

（1）有利于实现体育教学的功能

只有合理地设定体育教学目标，才能明确要实现哪些体育教学功能。例如，健身目标有助于发挥体育教学的健身功能；传授技术目标则有助于实现体育教学的授业功能。如果随意设定体育教学目标，就无法充分发挥体育教学的功能。例如，有些教师设定了不合适的"研究"和"创造"的体育教学目标，导致目标偏离了体育教学的基本功能，因此无法充分发挥体育教学的主要功能。这导致体育课程变得空洞虚假，教学质量大幅下降。因此，合理设定体育教学目标是实现体育教学功能的关键。

（2）有利于实现实现总目标

如果成功地规划了每个阶段的体育教学目标，那么可以确保所有阶段的目标总和与总体体育教学目标相一致，这意味着总体教学目标能够顺利实现。相反，如果对阶段体育教学目标的选择不当，将导致所有阶段的目标总和与总体体育教学目标不一致，这意味着总体教学目标将不能达成。因此，精确地设定各个层次的教学目标，并确保它们之间的衔接性，是确保最终实现总体目标的前提。

（3）有利于明确并落实体育教学任务

体育教学目标决定了具体的体育教学任务。目标是方向标，没有方向标就没有了方向。然而，只有方向标而没有具体的行动，那么这个方向标也会失去意义。因此，需要有具体的体育教学任务来支撑目标的实现。体育教学任务应以体育教学目标为依据，好的目标有助于明确教学任务。体育教学目标是"靶心"，体育教学任务是"箭矢"，有了明确的目标，教学任务才能"有的放矢"，从而提高教学的有效性。

在过去，体育教学大纲中只有一个体育教学目标和三条体育教学任务，这使得目标体系缺乏明确的目标性，导致指导性不强。在这种情况下，教师可能感到困惑，不知道应该重点教授哪些内容，学生也可能不明确自己的学习目标。因此，为了提高教学质量和学生的学习效果，需要更加明确和具体的体育教学目标来指导教学任务。

（4）有利于指引教师的"教"与学生的"学"

目标不仅反映了人们的愿望和努力方向，还能激发人们的积极性。当明确的目标意识与人们的行为紧密相连时，它就成了动机和动力源泉。虽然体育教学目标不完全由任课教师和上课学生群体制订，但合理的体育教学目标必须充分反映教师的努力方向和学生的学习愿望。因此，科学合理的体育教学目标能够指引教师的工作，激发学生的学习热情和动力。

体育教学目标为教师提供了明确的方向，指出体育教学应取得的预期成果，使教师清楚地知道自己的工作重心。当体育教学目标不断实现时，这会给予教师巨大的鼓舞，同时实现目标过程中的困难也会驱使教师去发现问题和寻找解决方案。因此，明确、具体且切实可行的教学目标能够为教师的工作提供有力的指引。同样，体育教学目标也为学生提供了学习的目标，使他们能够清楚地了解自己与预定目标之间的差距。当学习目标不断实现时，这也会给予学生巨大的鼓舞，同时实现目标过程中的困难也会促使学生更加努力。因此，明确、具体且切实可行的教学目标能够有效地激励学生努力学习。

2. 合理设定高校体育教学目标的功能

教学是一种有明确目的的活动，这种目的性渗透到课堂教学之中，便由每堂课的教学目标来体现。教学目标对于指导课堂教学实施具有非常重要的意义。在分析它的功能之前，我们先来思考这样一个问题：假设课堂教学没有预先设定教学目标，那么整个教学过程会变得怎样呢？不难想象，教师的教学可能会变得没有方向，没有尺度；学生也会感到非常迷茫，不知道自己的学习方向。由此看来，教师的教学离不开教学目标，学生的学习也离不开教学目标，与教学相关的活动也离不开教学目标，教学目标的确非常重要。

（1）指导教师对教学过程的设计与实施

作为教学设计者的教师，一旦确立了教学目标，就可以继续确定与之相适应的教学材料、教学方法和教学媒体等。从这个角度来说，教学目标对教师设计与实施教学的确起着重要的指导作用。教学目标可以帮助教师明确教学思路，确定通过哪些途径能更好地完成教学任务。例如，当一节课的教学目标是学生对常识性体育知识的掌握时，教师就可以选择"接受性学习"的教学方法（如讲授法）；当教学目标侧重学生对运动知识的探究时，教学方法的确定就应考虑让学生开展"发现性学习"，这时的教学方法以教师的宏观指导为佳；当教学目标侧重学生对具体事物的分类时，选择直观的教学媒体就显得非常必要。例如，当一节课的教学目标是掌握关于跑的分类及其特征时，教师便可以考虑应用多媒体将各种各样的跑呈现出来。从这些例子可以看出，教学目标在教学过程设计中，尤其是在教学手段的选择中，具有决定性的导向功能。

（2）引导学生的学习进程

教学目标通常被表述为预期的学习结果。要想使学生能够获得良好的学习结果，教师首先应当让学生明确自己的学习目标，使学生的学习具有方向性。目标明确与否，在很大程度上决定了学生的学习态度和学习效果。学生有了明确的目标，就能做到心中有数，产生强烈的参与感，积极地投入学习活动中去。学习目标还能使学生清楚地了解自己的学习内容，确定哪些方面有待加强，从而制订切实可行的学习计划。一旦学生明确了自己的努力方向，便能够产生强烈的学习热情，增强完成学习任务的责任感，提高课业学习的效率。总之，教学目标对学生的学习具有很重要的导向和激励功能。

（3）提供教学评价的依据

教学评价是教学过程的一个重要环节，是对学生达成教学目标程度的检验。

而要检验学生的学习情况，首先要有一个关于学习内容的评价标准。这个标准就是教学开始之前确定好的教学目标，应当反映学生经过一个学习过程之后达到的程度。教学目标是进行科学测试和做出客观评价的基础，教学评价必须以教学目标为依据。无论是实施诊断性评价，还是进行形成性评价，在编制测验内容时都要以教学目标为依据。此外，教学目标还有助于学生对自己的学习情况进行评价，找出自己的学习现状与教学目标要求之间的差距，从而有针对性地调整自己的学习策略。由此看来，教学目标不但为教师评价学生提供了参照，对于学生的自我评价也有很强的指导功能。

二、高校体育教学目标的设计策略

（一）高校体育教学目标的设计内容和设计原则

1. 高校体育教学目标的设计内容

教学目标是教学活动主体的活动预期结果，教学目标设计是为了实现教学目标这一结果而对教学活动主体的活动进行的具体安排。

教学活动包括教师、学生两个主体，体育教学目标设计包括对达成教师"教的目标"的"教的活动"的设计，也包括对学生达成"学的目标"的"学的活动"的设计。

教学目标设计是对一节课、一单元或者一门课程教学活动的结果的设计。

教学目标设计是对可预期、能切实达成的目标的活动设计，设计应具体、明确，具有可操作性。

2. 高校体育教学目标的设计原则

（1）一致性原则

体育教学目标应该与体育课程目标相一致，以确保教学活动能够有效地实现整体目标。在设计体育教学目标时，可以根据体育课程目标的框架，明确以下三个领域的目标。

第一，知识与技能目标。这一领域主要指学生在体育课程中需要掌握的知识和技能。目标可以包括学生掌握各项体育运动的基本规则和技术动作，掌握相关战术和策略，以及学习运动训练的基本方法和技巧等。

第二，过程与方法目标。这一领域主要指学生在体育课程中需要掌握的学习方法。目标可以包括学生运用适当的学习策略和方法，有效地进行体育学习和训练，培养良好的学习习惯和团队合作意识。

第三，情感态度与价值观目标。这一领域主要指学生在体育课程中需要培养的情感态度和价值观。目标可以包括鼓励学生培养对运动的兴趣和热爱，培养积极向上的体育态度，培养团队精神和公平竞争的意识，以及理解和欣赏体育文化等。

在设计教学目标时，需要综合考虑这三个领域的目标，确保它们相互协调，并与整体的体育课程目标保持一致。教学活动和评估也应围绕这些目标展开，以确保教学过程符合目标的要求，并对学生的学习情况进行有效评价。

（2）层次性原则

由于体育教学目标的水平随着学习的深入而逐步提高，因此，纵向上就有了高层次目标中包含低层次目标的关系。例如，动作练习目标"练习篮球急停跳投"中就包含着篮球运球、传球等低层次目标。

这种多层次的目标关系可以帮助教师更好地组织教学内容和教学活动。教师可以根据学生的学习水平和能力，有针对性地设置不同层次的目标。对于初学者，可以先关注基础动作的掌握，随着学生技能水平的提高，再逐步引导他们进行更高难度和复杂度的动作练习。另外，教师还应关注学习者的个体差异。每个学生在达到目标上的进度和速度可能会有所不同。因此，教师在设计教学目标时要充分考虑学生的个体差异，根据其学习能力和兴趣特点，合理设置目标，确保每个学生都能够在自己的能力范围内取得进步。

总之，体育教师在设计教学目标时需要综合考虑纵向上的多层次要求和横向上的个体差异，以确保目标的合理性和可达性。这样才能更好地引导学生的学习，促进他们的综合素质不断提高。

（3）系统性原则

系统论是教学设计的核心理论，体育教学设计的确需要重视体育教学系统各子系统的有机结合，以确保体育教学系统的完整性。体育教学目标是体育教学系统的重要组成部分，由若干个具体目标组成，这些具体目标之间应该有一定的逻辑关系，形成纵横有序、层次分明的结构。教学设计要注意正确处理各教学目标之间的关系，使之相互促进、相互补充，为实现教学总目标服务。例如，在教学设计中，可以将具体目标按照课程的学习内容和学生的学习需求进行分层次安排。不同层次的目标之间应该有明确的先后关系和衔接点，要保证学生在学习的过程中能够逐步达到教学总目标。

此外，体育教学设计还应该注意不同目标之间的协调和平衡。在设定具体目标时，要注意各个目标之间的互补性，避免目标之间的冲突。同时，还要注意各个目标的重视程度，避免偏废某个具体目标而影响整体目标的实现。

因此，系统论为体育教学设计提供了重要的理论基础，它强调了体育教学系统的完整性和发展完善性，教学者在设计体育教学目标时应考虑各个目标之间的关系，使之形成一个有机的整体，为学生的学习和发展提供有效的指导。

（4）灵活性原则

体育教学目标的设计虽然是一种构想，但实际情况确实是复杂多变的。体育教学目标必须与学校的体育教学实际情况相一致，并且具有多元化的特点。

由于各个学校的运动项目、学生特点和教学资源不同，体育教学目标的设计难免存在差异。因此，教学者需要根据学校的实际情况来灵活调整和编制目标，使其更加切实可行。例如，如果学校有丰富的体育设施和资源，可以更加注重学生专项技能的培养和竞技水平的提高；而如果学校的体育设备和场地条件有限，可以将目标设计为提升学生的全面素质和身体健康水平等方面。

教学者应该根据学生的实际水平和能力，适当调整目标的要求，使其符合学生的学习需求和能力水平。这样可以给学生留有调控的余地，使学生能够在适当的压力下积极进取，实现个人的成长和发展。

因此，体育教学目标的设计需要灵活和具有弹性，能够适应学校的实际情况和学生的需求。只有在实际运用中不断调整和完善，才能有效地推动学生的体育学习。

（5）难度适中性原则

体育教学目标的设计和制订必须充分考虑学生的实际水平和能力。在教育心理学中，最近发展区理论指出，教学目标应该设定在稍微超出学生能力水平一丁点儿的位置，这样可以提高发学生的积极性，同时也能帮助他们通过努力实现目标，进而增强成就感和自信心。

如果教学目标过于简单或者过于困难，都可能无法达到良好的教学效果。过于简单的教学目标没有挑战性，无法激发学生的兴趣和动力；而过于困难的教学目标则可能使学生感到沮丧和挫败，甚至可能打击他们的学习积极性。

因此，教师在设定体育教学目标时，需要充分了解学生的实际情况和能力水平，根据学生的个体差异和需求来设计具有挑战性和可行性的教学目标。同时，教学目标也应该具有一定的灵活性，可以根据学生的学习进展和反馈进行调整和优化。

(6) 发展性原则

体育教学目标的设计需要综合考虑当前的教学实际和学生的发展需要,同时也要考虑到学生未来进入下一阶段的体育学习的基础。

当设计体育教学目标时,首先要考虑到学生现阶段的实际水平和能力。这可以通过学生的年龄、体能状况、技能水平等进行评估,从而确定合适的目标。例如,在初学阶段,可以将目标设定为学生掌握基本的动作技能和规则,培养他们的兴趣。而在进阶阶段,目标可以逐渐提高,着重于技术的改进和应用能力的培养。同时,体育教学目标的设计也要着眼于未来,为学生进入下一阶段的体育学习奠定基础。这意味着目标应该有一个更长远的视野,例如,培养学生的竞技能力、战略思维、团队合作能力等。这些能力可以在学生进入高年级、参加比赛、加入体育俱乐部时发挥重要作用。

总之,体育教学目标的设计要综合考虑现实和未来的因素,既要符合学生的实际水平和能力,又要为学生未来的发展奠定基础。这样才能够真正实现学生的可持续发展,促进他们在体育学习中全面成长。

(二)高校体育教学目标的具体设计

1. 高校体育教学目标设计程序

(1) 了解教学对象

在高校体育教学目标设计中,要考虑学习者的学习需要、一般特点、起始能力和学习风格等因素,以确保教学目标的有效设计。同时,还要注意发现和解决体育教学中出现的问题,以及针对学习者的现状与目标之间的差距进行分析并弥补。

首先,分析学习者的学习需要是很重要的一步。通过了解学习者的兴趣、喜好、学习能力和成长发展需求,可以确定适合学习者的教学内容和方法。例如,某些学生可能对团队合作有较大的兴趣,就可以设计相应的团体活动;而有些学生可能对个人表现更感兴趣,则可以专门进行个人技能的培养和训练。

其次,要注意学习者的一般特点和起始能力。不同年龄段的学生具有不同的身体发育特点和心理特征,需要根据学生的特点和能力开展相应的教学活动。同时,还要考虑学生的起始能力,根据学生的基础水平设定合理的学习目标,确保学习过程既有挑战性又符合学生的能力水平。

再次,学习风格也是需要考虑的因素。不同学生有不同的学习偏好和方式,有些学生可能更倾向于视觉学习,有些则更倾向于动手实践。在教学目标设计中,可以采用多种教学方法和教学手段，满足学生不同的学习需求。针对问题解决，教学者应积极发现并解决体育教学中出现的问题。通过观察和反馈，教师可以及时发现学生在学习过程中遇到的困难和问题，然后采取相应的措施进行调整和改进。例如，对于技能练习中出现的问题，教师可以调整练习内容和难度，提供更多的指导和支持，帮助学生克服困难。

最后，在教学目标设计中要重视学习者的现状和目标之间的差距。通过对学生的现状进行准确的分析，确定学生的优势和不足之处，并设定相应的目标，以弥补学生的差距。同时，还要关注学生的进步和发展，为学生提供适当的挑战，促进其继续成长和进步。

（2）了解教材内容

分析并确定体育教学内容的范围、深度、特点、功能，并明确各体育教学内容之间的关系，使教材内容更好地为实现教学目标服务。

体育教学内容应该涵盖各种运动技能、健康知识和生活技能等方面。具体包括田径、体操、球类、游泳、滑冰、滑雪等运动技能，以及身体形态、身体机能、健康知识、体育文化等方面的内容。体育教学内容应该根据学生的年龄、性别、体能状况和兴趣等特点进行选择和安排。例如，对于初学者，教学内容应该从基础知识和技能开始，逐步提高难度；对于高水平学生，教学内容应该更加注重技能的提高。

体育教学内容应该具有趣味性、挑战性和实用性等特点。通过多样化的教学活动和形式，激发学生对体育的兴趣和热情，培养学生的运动能力和意志品质，同时注重教学内容的可操作性和实用性，让学生能够在日常生活中运用所学知识和技能。体育教学内容应该具有提高技能、增强体质、培养品质等多重功能。通过系统的教学过程，提高学生的运动能力、健康素养和综合素质，同时培养学生的团队合作精神、竞争意识和社会责任感等。

体育教学内容之间的关系应该是相互联系、相互促进的。在教学内容的安排上，应该注重不同内容之间的联系和衔接，从基础知识和技能入手，逐步提高难度和要求。同时，各个内容之间也应该相互渗透和融合，如将身体健康与心理健康结合起来，将运动技能与文化素养结合起来等。

体育教学内容应该根据学生的实际情况和教学目标进行选择和安排，注重教学内容的全面性、系统性和科学性。同时，通过多样化的教学活动和形式，让学生更好地理解和掌握所学知识和技能，更好地为实现教学目标服务。

（3）编写教学目标

一个完整的、明确的体育教学目标应包括教学对象、学生的体育行为、确定行为的条件及确定行为的程度四个部分。

教学对象是指目标所针对的学生群体。例如，目标可能针对一年级的所有学生，也可能是针对某个特定的体育项目爱好者等。明确教学对象可以帮助教师更好地了解学生的需求和能力，从而制订适合他们的教学目标。

学生的体育行为是指通过学习，学生应该能够完成和掌握的体育活动或技能。例如，教学目标可能是让学生掌握基本的篮球投篮技巧，或是能够完成一次完整的10千米跑步等。这些具体的体育行为应与课程内容和教学大纲紧密相连。

确定行为的条件是指学生在什么条件下能够完成这些体育行为。例如，目标可能是学生在没有帮助的情况下能够独立完成投篮，或者在规定的时间内能够完成10千米跑步等。这些条件可以帮助教师更好地评估学生的学习成果，并确定他们是否达到了预期的教学目标。

确定行为的程度是指学生完成体育行为的质量或标准。例如，目标可能是学生能够准确地将球投进篮筐，或者能够在规定的时间内跑完全程且保持稳定的速度等。明确程度可以帮助教师更好地判断学生的学习成果，并了解他们对技能的掌握程度。

通过明确这四个部分，教师可以设定更加具体、明确的体育教学目标，从而更好地指导学生的学习过程，帮助他们掌握所需的技能和知识，并评估他们的学习成果。

（4）明确表述教学目标

教学目标设计者对体育教学目标的表述要尽可能用明确的语言，单元教学目标的陈述要尽可能详细、具体。

目标应该明确、具体，以便学生知道他们需要达到什么水平。例如，目标可以是"能够准确地将球投进篮筐"，或者"能够在规定的时间内跑完全程且保持稳定的速度"。目标应该与学习的内容相联系，以便学生知道他们需要学习什么来达到目标。例如，目标可以是"通过学习篮球投篮技巧，能够准确地将球投进篮筐"，或者"通过学习长跑训练方法，能够在规定的时间内跑完全程且保持稳定的速度"。

为了评估学生的学习成果，需要制订可衡量的标准。这些标准应该是具体的、明确的，以便学生知道他们是否达到了预期的目标。例如，标准可以是"在投篮比赛中，能够投进80%的球"，或者"在跑步测试中，能够在规定的时间内完成全程"。为了帮助学生了解他们的学习成果,教学目标应该包括互评和自评的内容。例如,目标可以是"与同学一起练习投篮技巧,互相评价对方的投篮准确度",或者"通过自我评估,了解自己在跑步训练中的进步情况"。

2. 高校体育教学目标设计的实践

(1) 体育教学目标的设计过程

一般体育教学目标的设计过程可归纳为六个步骤:确定目的、建立目标、提炼目标、排列目标、再次提炼目标、做最后的排列。

①确定目的:目的是抽象的,可能包含多方面的内容,它为教学目标指明了方向。

②建立目标:针对目的中的一个具体方面建立一系列的教学目标。

③提炼目标:对教学目标进行分类,把重复的目标去掉,整合相似的目标,使模糊的学习目标具体化。

④排列目标:按照一定的标准(重要程度或先后顺序等)将目标进行排序。

⑤再次提炼目标:根据实际情况,再次确定目标存在的价值并进行取舍。

⑥做最后的排列:从整体上做实施前最后周密的安排,然后用于实践。

(2) 设定行为目标的要求

①界定出可观察的学习结果。

②陈述发生预期学习的条件。

③明确规定标准的水平(表现目标)。

(3) 目标叙写的要求

①目标必须是分层次陈述的。

②行为目标陈述的两类基本方式应准确。

③行为目标陈述的基本要素要齐全。

④行为主体应是学生,而不是教师。

⑤行为动词应尽可能是可理解的、可评估的。

⑥必要时,附上产生目标指向的结果行为的条件。

⑦要有具体的表现程度。

第四章 高校体育教学内容设计与评价设计

高校体育教学内容设计与评价设计是高等教育中不可或缺的一部分。高校体育教学内容的设计是提高学生体育技能和身体素质的关键环节。科学、合理的教学内容设计可以帮助学生掌握正确的运动技能，提高运动水平，同时也能增强学生的体质。教学评价设计可以帮助教师了解学生的学习情况，及时调整教学方法和策略，提高教学质量。同时，教学评价设计也可以帮助学生了解自己的学习成果，发现自己的不足之处，进而提高学习效果。本章围绕高校体育教学内容设计和高校体育教学评价设计展开研究。

第一节 高校体育教学内容设计

一、高校体育教学内容概述

（一）高校体育教学内容的内涵

1. 高校体育教学内容的含义

高校体育教学的含义就是在体育教学的大环境下，设定体育教学目标，根据学生发展的需要和教学条件的实际情况，向学生传授体育知识原理、运动技术和参加比赛的方法等[1]。

体育教学内容与一般的教育内容存在显著差异。它专注于研究大肌肉群的活动状态，并采取多种具体形式，包括身体练习、运动技术学习等。这些活动利用各种体育教学条件来实现其目标。同时，体育教学内容与竞技运动的内容也不尽相同。体育教学内容的主要目标是教育，旨在提高学生的体能和运动技能，而竞技运动则更注重专业性和竞技性。

---

[1] 葛乐. 解析体育课程与体育教学的若干关系[J]. 知识文库，2018（2）：149.

体育教学的内容需要根据教育的具体情况进行必要的改造、组织和加工，以满足教育的需求。竞技运动则主要关注的是比赛的胜利、突破个人极限和打破世界纪录等方面，而不需要考虑教育的因素。例如，在网球比赛中，运动员的主要目标是赢得比赛、提高个人技能和打破世界纪录，而不是通过网球运动来实现教育的目的。在竞技运动中，运动的内容和形式是根据比赛规则和要求来组织和加工的，而不是根据教育的需要进行改造的。

体育教学内容在形式上和其他的教育内容有差别，体育教学内容与体育运动有关。大众体育、竞技体育和学校体育的内容都有所不同。

2. 高校体育教学内容的特点

（1）教育性

在选择体育教学内容时，首先想到的就应该是它的教育性。

一般来说，体育教学内容的教育性主要从以下几个方面得到体现。

①对于大多数学生是较为适用的。

②有益于学生的身心发展。

③既有冒险性，又比较安全。

④摒弃落后性，突出创新性。

⑤避免过于功利。

（2）实践性

体育教学内容最鲜明的一个特点是实践性。体育教学的绝大部分内容是身体练习，体育教学与体育活动紧密相关。受教育者要想学好体育教学的内容，就必须开展以大肌肉群运动为特点的运动，如果只是依靠说、看、听、想的教育方式，不仅不能学好体育教学的内容，而且也达不到体育教学的目的。

当然，体育教学的内容不仅仅只有身体练习的部分，还包括体育知识学习和品德教育，体育知识学习和品德教育都需要通过学生亲自实践才能消化和吸收。

（3）健身性

体育教学内容围绕体育展开，用于实现体育的教育功能，而体育最主要的功能是健身功能，因此，体育教学内容具有健身性。在体育教学内容的展示、传输过程中，学生不断理解体育知识、掌握体育技能，促进身心健康发展。

（4）社会性

大部分体育运动属于社会性活动，需要学生集体参与，共同合作完成。

体育教学内容相较于其他教学内容，更富社会性，其根基在于人际交流，旨在锻炼学生的社交能力，培育其社会属性。体育教学内容能将教师与学生更为紧密地联结，强化教师与学生的沟通互动，增进同窗间的交流与合作。在体育学习中，各种角色变动远较其他学科丰富。

（5）娱乐性

体育具有娱乐性，体育教学活动的开展，要实现具体的教学功能，就需要学生的有效参与，而体育教学内容的娱乐性有助于调动学生的积极性。学生主动积极地参与体育活动，是实现教学有效性的基础。

体育活动在人类社会发展历程中得以传承，很大程度上取决于其娱乐价值。人们参与体育活动，是对平时繁忙学习与工作的一种有效的调节，这种活动是百利而无一害的。体育教学内容也要突出体育活动的娱乐性，通过科学的体育教学活动组织、设计，引导学生积极参与，以收获良好的体育教学效果。有时为了更好地促进学生对体育教学内容的关注，教师会专门选择一些娱乐性强的体育教学内容。

（6）非逻辑性

相较于其他学科教学内容来说，体育教学内容的不同之处主要体现在，其往往不存在一般学科教学内容由易到难、由简到繁的阶梯性结构。在逻辑结构上，没有明显的从基础到高级的体系，体育教学内容的排列并不是直线递进式的，而是复合螺旋式的。体育教学内容的组成部分是众多相互平行的、可以相互替代的运动项目以及身体练习，其中有着丰富的与体育与健康有关的理论知识。这种特性使得体育教学内容在选择时灵活性更强。

3.高校体育教学内容的来源

高校体育教学内容是伴随社会和教育事业的发展而发展起来的。体育教学内容的体系与其他领域的教学内容相比形成较晚，正规的体育教学内容是在近现代才逐渐形成比较清晰的轮廓的。

在我国，一般认为最早的体育教学内容是孔子实施的"六艺"中的"射"和"御"，而实际上这只是实用技能的传授，与现代的"身体教育"或"体育教学"在意义上有很大区别。在世界各地的远古教育中也都存在有类似的体育教学内容的痕迹，这些都构成了近代体育教学内容的基础，对形成各国体育教学内容的特色产生着潜移默化的影响，对当今的体育教学内容有着不可忽视的作用。但是，当前的体育教学内容的基本体系和格局的形成则是随着近代学校的出现和近代教育的发展而实现的。

近代的体育教学内容来源于以下几个方面。

（1）体操与兵式体操

早在公元前7世纪，在古希腊就出现了指导青少年和市民参加竞技的职业。同时，营养摄取和医学的知识得到了发展。在公元前5世纪，出现了"体操术"和"体操家"的称谓。虽然在当时没有明确的分类，但实际上体操术中包括了竞技体操术（实际上是为参加竞技比赛而采用的训练法）、医疗体操术（相当于运动疗法和保健运动）、教育体操术（相当于体操教学内容）三大类。兵式体操中有代表性的是德国和英国的兵式体操，其主要内容为队列、刺杀、托枪射击、战阵和战术等。这种兵式体操与近代北欧国家的器械体操一起构成了近代体育教学内容的体操类部分。现今大部分国家的体育教学中都有体操的内容。

（2）游戏和竞技运动

在近代学校出现之前，世界各地的古代学校中就已经有了各种游戏活动，比如在欧洲人们会玩投圈、骑马等游戏。随着市民体育的发展，这些游戏逐渐变得更加规范和正式，形成了竞技运动。在工业革命之后，以英国和美国为中心的近代竞技运动得到了迅速的发展，如棒球、橄榄球、篮球、排球、乒乓球、羽毛球等运动相继兴起。同时，田径运动也得到了发展，它以走、跑、跳、投等人体基本活动能力为基础，逐渐发展起来。这些现代竞技运动随着近代殖民主义的扩张和教会学校的发展迅速传播到世界各地，逐渐成为各国学校体育课的主要内容。由于竞技运动具有很强的娱乐性和健身作用，深受青少年的喜爱，因此它现在已经成为体育教学内容中占比最大、内容最为丰富的一部分。

（3）武术与武道

在古代，由于战争和军事需要，体育教学内容主要是实用的军事性技能，如射箭、剑术等。然而，随着时间的推移，这些技能作为军事手段的实际意义逐渐减弱，而向健身和精神修炼的方向转变。这种转变可以从中国的武术、摔跤，日本的柔道、弓道、剑道，韩国的韩式相扑等传统运动中看到。这些运动不仅注重身体的训练和技能的掌握，更强调精神修炼和意志培养。它们不仅在锻炼身体方面有很好的效果，而且在培养人的意志力方面也具有重要的作用。因此，这些传统运动不仅在许多国家的体育教学内容中占有一席之地，而且也受到了人们的广泛欢迎和喜爱。

（4）舞蹈与韵律体操

在古代社会中，舞蹈是人们祭祀和举行各种礼仪时最为常见的运动，深受人们的喜爱。例如，在中国敦煌壁画中就有许多市民在户外进行集体舞蹈的画面。

在世界许多地方，舞蹈也是各民族文化中的重要组成部分，近代学校教育中较早就有了舞蹈的内容，与舞蹈相近的韵律体操类项目，也在近代随着瑞典体操的发展而逐渐发展起来，后来在韵律体操的基础上又出现了艺术体操、健美操等。舞蹈也有了民族舞蹈、创作舞蹈、体育舞蹈等多种形式。由于舞蹈和韵律体操在陶冶身心、培养美感和节奏感方面具有独特的功能，所以自从其成为体育教学内容后，就一直深受学生的喜爱。现在大多数国家的体育教学内容里都有舞蹈和韵律体操。

综上可知，上述几大类内容共同构成了现代体育教学内容的主体部分。虽然上述内容在各国的体育课程中各自占有不同的比例，并且对各个教学内容的重视程度也存在较大差异。但体操类、竞技运动类、武术与武道类、舞蹈与韵律体操类等几大部分内容是大致相同的。其余还有一些野外运动，如游泳、登山、野营、滑冰、滑雪等，这些都是根据各国情况、文化特点和气候条件所设立的体育教学内容。

（二）高校体育教学内容的分类

1. 根据运动项目分类

20世纪80年代，以竞技运动体系为主线的传统体育教学内容的分类一直占主导地位。教学基本内容为田径、体操、武术，选修内容为篮球、排球、足球。

田径类包括短跑、长跑、跳远、跳高、投掷等项目。这些项目主要帮助学生提高速度、耐力、协调性等方面的身体素质。体操类包括单杠、双杠、跳马、自由体操等项目。这些项目主要帮助学生提高身体控制能力、灵活性等。武术类包括长拳、太极拳、散打等项目。这些项目主要帮助学生提高身体的协调性、反应速度和自我防卫能力等。球类包括篮球、排球、足球等项目。这些项目主要帮助学生提高团队合作能力、竞技能力等。

2. 根据身体素质分类

20世纪90年代，在原有体育教学内容的基础上，出现了一个新的分支——提高身体素质练习。将"提高身体素质练习"列为体育教学内容的一大项单列，目的在于关注学生的身体健康，以身体素质的发展来促进生理机能的改善。

按照身体素质分类，高校体育教学内容可以分为以下几类。

力量素质类：包括各种力量训练和器械训练，如哑铃、杠铃等，旨在帮助学生增强肌肉力量和爆发力。速度素质类：包括各种短跑、加速跑、冲刺训练等，

79

旨在帮助学生提高快速奔跑和反应能力。耐力素质类：包括各种有氧运动，如跑步、游泳、骑车等，旨在帮助学生提高心肺功能和耐力水平。灵敏素质类：包括各种灵敏度训练，如平衡木、弹簧床、翻滚等，旨在帮助学生提高身体的灵活性和协调性。柔韧素质类：包括各种伸展运动和瑜伽等，旨在帮助学生扩大关节活动范围、提高肌肉的伸展性。

3.根据人的基本活动能力分类

以发展人的走、跑、跳跃、投掷、攀登、爬行等基本动作技能为目的，进行体育教学内容的划分，这是20世纪90年代后期比较常见的一种分类方法。这种分类方法的特点是贴近学生的实际，有利于提高学生的基本活动技能，体现了"以人为本，健康第一"的指导思想，适合低龄学生的教学。

按照人的基本活动能力分类，高校体育教学内容可以分为以下几类。

走跑类：包括竞走、慢跑、快跑等，旨在帮助学生提高走跑能力，增强心肺功能。跳跃类：包括跳跃、三级跳、跨栏等，旨在帮助学生提高跳跃能力，增强下肢力量和爆发力。投掷类：包括投掷各种轻器械，如铅球、铁饼、标枪等，旨在帮助学生提高投掷能力，增强上肢力量和协调能力。攀爬类：包括攀岩、爬绳、爬梯等，旨在帮助学生提高攀爬能力，增强手臂和核心肌群的力量。

（三）高校体育教学内容的作用

体育教学内容对于实现体育教学目标有十分重要的意义，它是构成教学活动的基本要素，是实现体育教学目标的重要条件，每一项教学活动的完成都使得整个教学工作更接近于最终目标。

体育教学内容是体育教师教学的直接依据，体育教师必须对其深刻理解和熟练掌握。同时，由于社会对教学的要求不断提高，体育教学内容处在动态变化中，而特定时期内，人的认识能力总具有局限性，因此，体育教师对教学内容的学习和钻研也不能一劳永逸，必须持续不断地进行。体育教师对教学内容持续不断的钻研过程，就是教师达到合格标准和不断提高自身业务水平的进步过程。

体育教学内容应该是在充分研究学生的身心发展特点和已有体育水平的基础上选择和确定的，因此，它应当能为学生身心的进一步发展起到积极的促进作用。

在体育教师进行教学的过程中，体育教学的目标是其执行教学方案的直接依据，因此，体育教师对这方面内容的掌握和了解必须深入。只有做到这点，体育教师的工作才是合格的。

由此可见，体育教师能够循循善诱，将制订编选的教学内容非常完美地转化成学生发展所需的内容，使其真正感知到是必需的，这样教师的"教"和学生的"学"才能真正融会到一起，促成师生双方的共同进步。

综上所述，科学、严谨的体育教学内容对学生在我国体育课程中的学习具有积极促进作用，同时有助于增强体质，培养良好的体育生活习惯，使学生在品德与才华上得以全面发展，并充分展现个性特质。

二、高校体育教学内容设计开发

体育教学内容作为体育教学中的一个重要因素，影响着整个体育教学活动过程。体育教学内容又是联结教师与学生的纽带，是师生进行信息交流的载体。体育教学内容往往制约着体育教学方法和手段，也是直接关系体育教学目标和课程目标实现的关键要素。过去的体育教学大纲中有明确的教学内容的安排，现在只给出了体育课程标准，因此，在教学中必须对具体教学内容进行选择和开发。

（一）高校体育教学内容选择的依据

1. 按照体育课程目标进行选择

体育课程目标存在多元性的特征，体育运动项目和身体练习也具备可替代性的特征，这就使体育教学内容的选择变得更具多样性。

体育课程的目标之所以能够成为教学内容选择的重要依据，主要是由于体育课程目标在体育课程编制过程的每一个阶段内都作为教学内容的先导和方向，所以它经过了多方专家的合理思考验证。因此在进行体育教学内容选择时，目标是必须遵循的，相应的体育课程目标对应着相应的体育课程内容。

2. 按照学生的需要及身心发展规律进行选择

在选择体育教学内容时，学生的需要是必须考虑的。体育教学以促进学生身心发展为目的，所以对体育教学内容进行选择的一个必要因素就是考虑学生对于体育的需要和兴趣，这对于有效的学习是非常重要的。

学习需要学生的主动参与，即学生自身的积极性和努力是必不可少的。通常学生如果面对感兴趣的事情，那么其参与的动力就会大大增加，学习的效率也将大大提高。这非常符合一些教育学者所提出的观点：如果学习是被迫的而不是学生出于兴趣而进行的，那么学习从某种意义上来讲可以说是无效的。调查结果也非常符合这一说法，那就是如今大学生虽然非常喜欢参与课外体育课程，但对体育课是兴味索然，最重要的因素就是教学内容缺乏趣味性。

学生对教学内容的接受程度取决于其身心发展规律，因此从这个角度来说，体育教学内容必须使学生可以接受，并且感兴趣。所以进行体育教学内容的选择时，学生的特点就决定着教学内容当中的各项要素，绝不能忽略学生的实际情况。

3. 按照社会发展的需要进行选择

学生的个体发展无法脱离社会的发展。所以在进行体育教学内容的选择时，除了考虑学生本身的需求外，社会现实发展的需求也必须被考虑进去。

在选择体育内容方面不能够忽视学生走向社会后继续发展所必需的体育素质，所以体育教学内容必须能够满足学生各方面发展的需要。除此之外，体育教学内容必须做到与社会生活和学生生活联系在一起，这样才能让学生体会到它的作用，其功能才能得以实现，因此，体育教学内容的选择与社会实际相符是非常重要的。

4. 按照体育教学素材的特性进行选择

在体育教学内容的选择上，最重要的要素就是体育教学素材，其有着较为显著的特性，具体来说，主要包括以下几个方面。

（1）内在逻辑关系性不强

没有非常强的内在逻辑关系性是体育教学素材的最大特性，这种特性使得体育教学内容的选择无法完全按照难易程度和学生素质来进行。因此体育教学内容往往只是根据运动项目来划分，但各个教材内容之间的关系是平行和并列的，如篮球和足球、体操和武术。表面上看似乎有联系，但这种联系并不能够说得非常明白，而且没有先后顺序，我们也无法判断其中一个运动项目究竟是不是另一个运动项目的基础。所以，在这里是无法确定教学内容内部的规定性和顺序性的。

（2）具有"一项多能"和"多项一能"的特点

所谓"一项多能"，就是指通过一个运动项目，能够达到非常多的体育目的，这就是说，在这个项目中有着目标多指向性的特点。以健美操为例，有人利用这个项目来锻炼身体，有人用这个项目进行娱乐，同时这个项目还有表演的作用。在很多情况下，进行健美操运动往往能实现多个功能，这就是说，学生学会了一项运动之后，就能够实现多种目的。

"多项一能"则突出了体育教学内容之间具备可替代性。如从事投掷练习，可以扔沙袋、投小垒球、推实心球，也可以通过推铅球实现。想通过体育运动得到放松，可以踢足球、打排球、打篮球，也可以打网球。这就是说，想达到目的并非只有一个项目可以实现。这个特性的存在使体育教学内容中不存在绝对必要的项目，也使体育教学内容并不具备严谨的规范性。

（3）数量庞大

庞大的数量使得其内容相当庞杂，并且在归类上存在一定的难度。人类文明自诞生以来，创造出的体育运动项目数不胜数、丰富多彩，并且每一项运动的技能对于练习者的身体素质都有着各种各样的要求。

鉴于这个原因，没有哪个体育教师能够精通全部的体育项目，因此体育教师的培养要求一专多能。体育课程的设计者也很难寻找到最合理的运动组合运用到体育教学内容当中，也几乎不可能编写出适合所有地区和教学条件的教材。

（4）不同项目有不同的乐趣

以篮球和足球为例，其乐趣就是在激烈的直接对抗中，通过娴熟的技术和精妙的战术配合而得分。例如，在隔网类运动中，其乐趣是双方队员在各自的场地中通过巧妙的配合将球击到对方场地而得分。因此，体育运动都有各自乐趣的特性使得乐趣是体育教学内容的中无法忽略的内容，同时是快乐体育理论存在的事实依据，并且这一理论在体育改革进程中产生了关键影响。

（二）高校体育教学内容选择的原则

1. 教育性原则

在面对体育素材时，应该从教育的视角进行审视。首先，需要考虑它们是否符合教育原则，是否与国家、社会的价值观相冲突。其次，需要考察它们是否有利于学生的身心发展。在选择体育课程内容时，应该紧密围绕体育课程的主要目标，将"健康第一"的指导思想作为确定课程内容的基本出发点。同时，也应该重视教学内容的体育文化含量，以提升学生的体育文化素养。

学校体育应当致力于促进学生的品德、智力和体质等方面均衡发展。为此，需要坚持理论与实践相结合的原则，不仅传授人体科学知识，更要实现锻炼身体、增强体质的实际效果，同时提高学生的体育文化素养和思想道德品质。在选择体育教学内容时，必须充分考虑不同学习阶段学生的身心发展特点和规律，以及学生的个体差异与不同需求。这样，能够确保每一位学生都能从中受益。此外，体育教学内容的选择还需考虑到不同地区和不同学校的实际情况，以便确保有足够的灵活性和选择空间。

2. 科学性原则

选择体育教学内容时，应关注健身性和兴趣性，同时也不能忽视教学内容的科学性。科学性在这里有下列三层含义。一是教学内容应有助于促进学生的身心健康。有些活动可能对学生的身体健康有益，但不一定对学生的心理健康有益。因此，需要选择那些既能锻炼身体，又能提升心理健康水平的教学内容。二是教学内容应有助于提高学生的身体锻炼能力，使他们体验到科学锻炼的乐趣，从而增强他们锻炼的自觉性和积极性。这意味着需要选择那些具有锻炼效果、能让学生从中获得成就感的教学内容。三是教学内容本身应具有科学性。由于国家不再对教学内容做出具体规定，需要采取措施防止一些不科学的活动内容进入体育课堂，确保教学内容是科学、合理和安全的。

3. 实效性原则

所谓实效性，简单地讲就是某一活动是否实用、是否简便易行、是否有助于提高学生的身心健康水平[①]。在选择体育课程内容时，应该选择与学生自身的体育学习兴趣和经验相接近的内容，如此可以激发他们的学习热情和积极性，提高教学效果。同时，还应选择大众喜欢的、社会上比较普及的，并有很好的健身娱乐效果的运动项目。这样的内容更具有社会性和普及性，可以帮助学生更好地融入社会，并为他们的终身体育奠定基础。

4. 趣味性原则

兴趣是最好的老师，因此在选择体育教学内容时，需要根据学生的年龄、性别和心理特点，结合科学性和可行性，选择能够激发学生兴趣、具有较强娱乐性的体育素材。竞技运动项目往往具有很高的健身价值和教育价值，但是需要注意的是，过于关注竞技运动项目教学的系统性和完整性，甚至将培养运动员的教学方法引入体育课堂，将导致许多学生对体育课的教学内容失去兴趣。

5. 民族性与世界性相结合的原则

体育课程内容的选择既要汲取我国民族传统体育素材中的精华，又要借鉴国外体育课程内容设置的经验和合理内容；既要摆脱局限性，又要防止崇洋媚外的做法。体育课程内容的选择还应做到与时俱进，体现时代性、发展性、民族性。

---

① 毛振明，李忠诚. 论选择体育教学内容的依据、原则与方法 [J]. 中国学校体育, 2010（3）：15–18.

6. 理论与实践相结合的原则

体育教学内容主要以实践为主，学生需要通过反复参加体育活动来掌握体育知识和技能，提高自身的身体素质。然而，体育教学内容也包含了许多理论知识，如科学健身知识、心理健康知识、身体健康与卫生保健知识，以及与体育文化素养有关的其他知识。

在选择体育教学内容时，需要注意理论与实践相结合，以实践为主、理论为辅。这是因为实践内容可以让学生直接体验到体育的乐趣，进而提高他们的学习兴趣和积极性；而理论知识则可以帮助他们更好地理解体育的意义和作用，掌握科学的锻炼方法，提高锻炼效果。

（三）高校体育教学内容开发的主要渠道

1. 现有体育运动项目的改造

这里所说的体育运动项目，主要是指竞技运动项目。竞技运动项目以其独特的竞争性、超越自我的挑战性、技战术运用的艺术性，备受世界人民的关注。

正因为如此，长期以来它始终占据着学校体育教学内容的主要地位。传统体育教学将竞技运动项目移植到学校课堂，在项目分类（如体操分为单杠、双杠等）、技战术要求（如动作要领的描述）、竞赛规则和相应的教学方法手段等诸多方面都保持着十分浓厚的竞技色彩。但它与学校的客观条件、学生的实际水平和能力之间存在较大差距，这是一个不容忽视的事实。学校应充分利用竞技运动项目的丰富资源，使其适应和满足大学生的实际需要，应根据大学生的年龄和身心发展的特征，加强对运动项目的教学化改造——简化竞赛规则，降低技战术难度，改造场地器材设备等。

2. 新兴运动项目的引用

新兴运动项目是伴随时代的发展而诞生的，以休闲、娱乐、健身为目的的运动项目，如健美、攀岩、轮滑、滑板、现代舞，因为具有十分浓厚的时代气息，深受青年喜爱。根据学校的实际条件，开发和利用这些资源，对充实、拓展学校体育教学内容，活跃、丰富学生体育活动会产生积极的促进作用。

3. 体育校本课程的研究

体育校本课程的研究是体育教学内容资源开发的一个重点课题，它可能是传统教学内容的延伸，也可能是新兴运动项目的推广，还可能是民族、民间体育活动的普及。无论是哪种类型，都必须具备特色。体育校本课程的研究包括内容、课程结构、课程计划等诸多方面，应能体现学校的体育传统。

三、构建新的体育教学内容体系

当前，我国的高校体育教学以传授运动技术为主，这在一定程度上是有利于实现高校体育的教学目标的。然而，为了更好地完成高校体育的教学任务，培养出更多高质量、高素质的大学生，需要构建一个新的体育教学内容体系。这个新的体育教学内容体系应该体现"以人为本"的思想，注重学生的个性发展和增强学生的终身体育意识。在选择教学内容时，应该淡化竞技色彩，更多地关注学生的兴趣和爱好，以及他们未来的发展需求。

（一）体育教学内容要具有多样性与可接受性

首先，随着社会的不断发展和变化，学生的需求和兴趣也在不断变化，因此，体育教学内容需要不断更新以适应这些变化。同时，教学内容的更新也需要考虑到学生的体育基础和学校的教学条件，在选择教学内容时，可以更加侧重非竞技性的运动项目。这些项目通常更具有健身性和娱乐性，有助于学生树立健身意识，培养体育能力。同时，教学内容的选择也应该考虑到可接受性，既不能过于困难，也不能过于简单，以确保学生能够从中获得成就感和动力。

为了使教学内容更加全面和多样，可以突出其健身性、娱乐性、终身性、全民性、实用性和主动性等特点。这些特点可以吸引学生主动参与体育锻炼，满足个体、群体以及社会发展的需要。

此外，教学内容的选择也应该考虑到学生的个体差异和不同需求。

（二）加强对健身方法的传授

高校体育教学应该根据大学生的需求变化做出相应的调整。增加健美体育和娱乐体育的内容，与健康体育一起，建立体育的三大支柱。这些举措可以满足学生的需求，提高教学质量，同时也有助于培养具有健康意识和运动能力的人才。

健美体育和娱乐体育是当前大学生非常感兴趣的领域。增加这些内容可以满足学生的需求，提高他们对体育课的兴趣，并有助于提高他们的参与度。此外，通过参加健美体育和娱乐体育活动，学生可以在锻炼身体的同时，提升自己的自信心和社交能力。除了增加健美体育和娱乐体育的内容外，高校体育教学还应注重健康体育。健康体育是高校体育的重要组成部分，它旨在提高学生的身体素质，提高他们的健康意识。通过将健康体育与健美体育、娱乐体育相结合，可以建立一个多元化的体育教育体系，更好地满足大学生的需求。

"健康第一"的教育思想强调了健身方法的重要性。在体育教学中，教师可以通过各种方式传授健身方法，如正确的运动姿势、运动前的热身、运动后的拉伸等。这些健身方法可以帮助学生更好地进行体育运动，避免运动伤害，提高运动效果。通过体育教学培养学生的终身体育观念是至关重要的。一旦学生形成了终身体育的观念，他们将更加注重运动和健身，这对他们的身体素质和生活质量都将产生积极的影响。

（三）体育项目的简单化和运动项目的综合化

为了满足现代大学生对体育的需求，对于一些技术性较强的体育项目，如篮球、足球等，可以适当地简化其规则和技巧要求。这样可以降低学习难度，提高学生的学习兴趣和自信心，同时也有助于减少运动损伤的发生。将多个体育项目综合起来进行教学的做法是有道理的。这样可以让学生在学习一个项目的同时，也能够学习到其他项目的知识技能，从而拓宽学生的视野和知识面。例如，将篮球的运球技术、移动技术和田径的短跑项目结合起来训练，可以让学生同时掌握篮球和田径的基本技能，同时也有助于提高他们的体能素质。同样，将足球的运球技术和田径的中长跑项目结合起来训练，可以让学生同时掌握足球和田径的基本技能，同时也有助于提高他们的耐力水平和速度。

（四）更新原有的竞技体育内容

在选修课方面，继续加强传统的篮球、排球、足球、田径等竞技体育项目的教学是非常重要的。这些项目不仅可以提高学生的身体素质和竞技水平，而且也有助于培养学生的团队合作精神和竞技精神。同时，将乒乓球、游泳、羽毛球、网球、武术、健美操、体育舞蹈等竞技体育项目充实到高校的体育教学中也是非常必要的。这些项目既可以满足学生的个性化需求，又能够丰富体育教学内容，提高学生的体育文化素养。

此外，将竞技体育项目充实到高校体育教学中，还有助于为国家培养更多的高质量体育人才。通过这些项目的教学和实践，可以培养学生的竞技精神，提高他们的竞技水平和综合素质，为国家输送更多的体育人才。

（五）体育内容要具有地方特色

《全国普通高等学校体育课程教学指导纲要》（以下简称《纲要》）明确规定，各省、市、自治区的教育行政部门可以根据本《纲要》制订适合本地区高校使用的指导性教学大纲。这种灵活性为各地区和各学校提供了自主选择学校体育内容的空间，可以根据《纲要》的要求和本地区、本学校的实际情况，自主地选择合适的体育教学内容。

这种自主选择教学内容的做法，可以使得各地区、各学校能够根据自身的特色和资源优势，开展具有本地区、本学校特色的体育教学。例如，一些地区可能拥有独特的传统体育文化，可以将这些文化资源融入体育课程中；一些学校可能拥有优秀的体育教师或特定的体育设施，可以开展具有本校特色的体育教学。

第二节 高校体育教学评价设计

一、高校体育教学评价概述

（一）高校体育教学评价的内涵

1.高校体育教学评价的含义

所谓体育教学评价，主要是指在体育课程中一般性教学评价的具体应用，同时也是体育课程教学的重要环节。要卓有成效地开展体育教学工作，真正实现提高学生综合素质的目标，就必须在实际教学中贯彻新的教学理念，利用新的教学方式和与实际社会生活相配套的体育课程内容，而所有这些都需要有与之相对应的教学评价的配合。

体育教学评价是教育评价体系中的一个重要环节，它以一定的评价标准为依据，利用适当的方法和手段，对体育教学的各个要素、过程和效果进行全面的评估。体育教学评价的参与者包括各级教育行政管理部门、社会组织、学校、教师甚至学生等，而其关注的对象主要是教学质量、整体教学过程、教学结果、学生能力的提高程度以及其他多个方面。这反映了教育评价中主体和客体之间的价值关系。因此，在进行体育教学评价时，需要首先了解评价主体的需求和期望，同时深入了解体育教育的本质和目标，树立正确的体育教学价值观。只有将这三方面有机地结合起来，才能充分发挥体育教学评价的积极作用。

2.高校体育教学评价的分类

（1）按评价的基准划分

①相对评价。教学评价中的相对评价指在评价教学活动之前，需要将被评价对象中的一个个体设置为一定的评价基准，将其他评价个体逐一与评价基准进

行对比，以确定评价个体的相对位置，并判断评价集体中每一个评价个体的相对优劣。

相对评价具有一定的优势，教师能够从中了解学生的总体情况，也能够了解不同学生之间的学习差异，具有适用性强的特点。但是，其也有一定的缺点，因为相对评价需要建立一定的评价基准，而评价基准是不断变化的，所以教学评价很容易与教学目标偏离。

②绝对评价。绝对评价是根据体育教学目标对体育教学设计方案、教和学的成果所做的评价。绝对评价将体育教学评价的基准建立在被评价对象的群体或集合之外，把群体或集合中每一成员的某种指标逐一与基准进行对照，从而判断其优劣。与相对评价相比，绝对评价的标准相对稳定和客观，教师能够获得更加客观的评价反馈，学生能够从中了解自身的学习情况，也能够看到自身与客观标准的差距。学生可以借助评价结果与客观标准对自身的学习方式等进行进一步的改进，对学生和教师具有促进作用，这是绝对评价的优势。其缺点是评价标准的确定有一定的困难，很容易被主观意愿所影响。

③自身评价。除了相对评价与绝对评价，自身评价也是教学评价的重要组成部分。自身评价与以上两种评价不同，自身评价是被评价个体对自身学习情况的一种评价，被评价个体根据自身情况对自己的各方面能力进行评价。这一评价类型主要是为了适应不同个体的差异性要求，不同的被评价个体，其学习情况各不相同，存在一定差异，为了更高效地对每个个体进行科学评价，必须通过自身评价了解被评价个体的自我认知。

（2）按评价的功能划分

①诊断性评价。诊断性评价一般是在教学活动开始前进行的评价，通过对被评价个体的学习情况进行鉴定，对教学计划顺利、有效实施进行测定性评价，这一评价又被称为前置评价。在体育教学前期，通过对前期教学情况进行评价，即对学生的学习水平、学习基础、学习态度等进行全面诊断，可以对学生的学习情况有一个大致了解。诊断性评价一般在课程、学期、学年开始时或教学过程中进行，能够对学生的学习程度进行了解，教师可以据此更有针对性地设计教学方案。

②形成性评价。形成性评价与诊断性评价不同，形成性评价是教学过程中的评价。体育教学设计活动中进行的评价主要是形成性评价。在教学过程中，通过对教学目标和教学内容进行过程性评价，对教学活动各个要点的层次关系进行分析，教师也能够从中了解体育教学的成效，为教师进一步开展教学提供依据。通过及时分析评价结果，教师可以更好地调整和改进体育教学工作，巩固教学成果，

同时有利于进一步完善教学活动，保证教学目标的实现。形成性评价主要是为了改进、完善教学过程，有利于对学生所学知识加以复习巩固，确保他们掌握知识并为后期学习奠定基础。

③总结性评价。总结性评价与诊断性评价相反，诊断性评价是前置评价，而总结性评价是后置评价，是一个教学阶段结束后的评价，注重考查学生掌握某门学科的整体程度，评价的内容较广。总结性评价是对学生一个阶段的学习成果的检验，如学生对体育知识以及技术的掌握程度是否与体育教学目标相一致。此外，总结性评价不仅是对学生学习成果的检验，也是对教师教学成果的检验。

（3）按评价的内容划分

①过程性评价。体育教学活动中的过程性评价，主要是针对体育教学活动中教学环节设计的评价，检验各个教学环节是否达到了体育教学的目标要求。过程性评价对于体育教学活动而言，是对体育课上为使学生逐步掌握体育知识和技能所设计的各种体育竞赛游戏、活动等进行评价。学生在学习体育技能的过程中，需要体育教师进行一定的指导，在指导过程中，教师会运用有针对性的教学方法，让学生能够更快速地掌握技能，而过程性评价是对这一过程的检验，也属于一种总结性评价。

②结果评价。与总结性评价相似，结果评价是对体育教育成果的评价，是在体育教学活动完成之后，针对教学成果进行的评价，是对学生各方面能力的一种判断，学生和教师都能够从中获得一定反馈。

（4）按评价的方法划分

①定性评价。定性评价作为一种重要的评价方法，评价标准主要是指标准体系中各种规范化行为的优劣程度。在体育教学评价中，定性评价一般以评语的方式表现。

②定量评价。除了定性评价之外，定量评价也是体育教学评价的重要方法。定量评价是对教学活动在"量"方面的评价，这一评价方法通常运用与数学有关的方法进行检验，如统计分析、多元分析等方法。定量标准有利于提高评价结果的精确性和客观性。此外，定量评价需要在一定的数据基础上进行分析，并得出规律性的结论。定量与定性评价相辅相成，两者有着密切的联系。

（二）高校体育教学评价体系的理论基础

1. 行为目标评价理论

在西方现代教育评价的历史中，行为目标评价理论是第一个产生重大影响的理论。该理论采用"结果参与"模式，将教育方案、计划和目标直接落实到学生层面，并通过学生的成绩来体现。同时，这种"行为目标"被作为教育评价的主要依据。

行为目标评价理论的具体实施过程是由教师制订具体的教学目标，然后将教学目标与实际教学结果进行比对，并在这一过程中调整教师的教学行为，以使两者最大限度地保持一致。从这个角度讲，行为目标评价理论的评价目的是十分明确的，即通过确定实际教育活动结果是否达到预定的教育目标来进行评价。

2. 人本管理理论

该理论从心理学的视角出发，将得到尊重和获得自我实现看作人类行为中最基本、最持久的动力。尊重和实现自我是人类内在的渴望，当这些需求得到满足时，可以激发个体的主体性，促使其积极主动地参与社会活动，并在这一过程中逐渐实现自身价值或行为价值。

对于高校体育专业的教师和学生来说，他们希望通过对体育教学过程和效果的评价，了解自己的行为是否符合组织的要求。通过这样的评价，他们可以明确自身的需要与组织目标之间的关联，继而完成自我价值的实现。

3. 加德纳的多元智力理论

体育教学评价体系需要根据时代的要求进行动态的调整，"多元智力理论"便是重构该体系的重要基础。加德纳的多元智力理论认为，任何个体能够同时拥有多个（多种）相对独立的智力，且其组合和表现形式因个体差异而不同，不同个体的智力也就具有了不同的特点。

因此，体育教师应该从多个不同的视角出发，通过对学生的多方面的观察和分析，对学生的优缺点进行综合评价，并以此为依据，提高教学水平。在体育教育过程中，除了要引导学生主动参与和探究体育活动外，还应通过师生之间的交流与合作，强化彼此的角色互演，达到"教学相长"的目的。这一理论的提出在当时的西方乃至今天的世界各地都产生了深远的影响。

该理论强调师生之间的互动和交流，认为教师和学生应该在教学和学习过程中相互促进、共同进步。通过观察和分析学生的表现，教师可以了解学生的优点和不足，从而有针对性地制订教学计划和策略，帮助学生提高技能和素质。同时，学生也可以通过观察和评价教师的教学过程，对教师的教学方法提出建议和反馈，帮助教师不断完善和改进教学策略。这种师生互动、教学相长的教育理念，不仅可以激发学生的学习兴趣和动力，提高他们的学习效果，还可以促进教师的专业发展和成长。因此，这一理论在当今世界的教育领域仍然具有重要的意义和影响。

4.教育目标分类评价理论

教育目标分类评价理论是一种非常有影响力的教育评价理论，它由美国教育家布鲁姆（Bloom）在20世纪50年代提出，并在20世纪七八十年代得到进一步的发展和完善。这个理论的核心是对教育目标进行分类和评价，以帮助教师和学生更好地理解教育过程和结果的质量。

教育目标分类评价理论包括三个主要领域：认知领域、情感领域和动作技能领域。每个领域都有自己的目标分类和评价标准。

认知领域的目标是帮助学生发展智力技能和能力，包括理解、应用、分析、综合和评价等层次。情感领域的目标是帮助学生发展积极的情感和态度，包括接受、反应、价值判断、价值观念体系的个性化等层次。这些层次代表了学生对文化、道德和价值观的认同和内化程度。动作技能领域的目标是帮助学生发展身体技能和能力，包括知觉、定势、指导下的反应、机制、复杂的外显反应和适应等层次。

教育目标分类评价理论是一种非常有价值的工具，可以帮助教师制订明确的教学目标，以指导教学过程和评价学生的学习成果，还可以帮助学生对自己的学习过程和成果进行自我评价和反思，以促进自我发展和提高。它为学校和教育机构提供了一种评估教育质量的方法，以改进教学和管理过程；为家长提供了一种了解孩子学习状况的工具，以帮助他们更好地支持孩子的学习和发展。

（三）高校体育教学评价体系的关键组成要素

1.学生

在高校体育教学评价体系中，学生是关键的群体之一。对他们的评价需要从多个方面进行，包括学习能力的强弱、运动兴趣的大小和运动水平的高低。

对于学习能力的评价，主要关注学生对体育课程的理解能力、对教师示范动作的模仿能力以及应用体育技能的能力等方面。这些能力可以体现学生在学习过程中的表现和进步。关于运动兴趣的评价，需要了解学生对运动的整体态度（如喜欢、一般还是排斥）、对特定运动项目的接受程度等。这些信息可以反映学生对体育运动的热情和投入程度。至于运动水平的评价，主要包括学生参加"体育达标"测试的成绩、对特殊运动项目运用的熟练程度，以及身体素质水平等。在评价学生的运动水平时，需要将学生的身体基本活动能力和运动参与成绩结合起来进行综合评价，并采用开放式的评价形式，以便更好地了解学生在运动方面的优势和不足。

2. 教师

在高校体育教学评价体系中，教师的作用与学生同样重要，但教师群体的评价内容更加多元，除了需要评价自身的教学表现外，还需要考虑学生的感受。因此，评价内容包括教学技能水平、教学组织水平和学生对教学的满意程度三个方面。其中，教学技能是教师必备的能力之一。教师只有具备了较高的语言表达能力、语言感染能力和充足的知识储备，才能更好地从事教学活动。因此，教学技能水平是评价体系中最关键的一环。除此之外，教师的教学组织水平将直接影响到教学效果的好坏。教学组织能力包括教学计划的设计、教学进度的合理安排、教学情境的创设、教学节奏的把握以及教学过程中突发情况的处置等。学生对教学活动的满意与否直接关系到教学效果的优劣，涉及的评价指标包括学生"评教"的成绩、出勤情况、作业完成情况等，这些指标都能在某种程度上反映出学生对教师（体育教学）的满意程度。

3. 教学管理

在高校体育教学中，教学管理是不可或缺的一环。它不仅关系到教学过程的顺利进行，还直接影响到学生的学习效果和教师的工作效率。因此，在体育教学评价体系中，应该将对教学管理的重视程度和投入水平作为重要的评价指标。这是因为，高层或主管部门的重视程度对于计划的顺利实施至关重要，有时甚至需要领导带头促进计划的成功实施。

4. 教学环境

创建良好的体育教学环境并将其与体育教学目标相匹配，是高校体育教学工作中的重要问题。一个适宜的教学环境能够为体育教学提供最大限度的支持和服务，有助于提高教学质量和效果。对于高校体育教学评价体系而言，教学环境处于最"外围"且是宏观的部分。

体育教学环境分为物质环境和社会心理环境两个主要部分。物质环境是体育教学的基础，包括自然环境、时空环境和设施环境。自然环境是指体育教学的场所，如操场、体育馆等；时空环境则是指教学的时间和地点；设施环境则是指场地器材的质量和数量等。这些因素都会对体育教学的效果产生直接的影响。社会心理环境则更加广泛，不仅涉及教学氛围的优劣，还涉及教师和学生情感的抒发和交流。一般而言，社会心理环境可以细分为人际环境、信息环境、组织环境和情感环境等。

二、高校体育教学评价设计的原则和方法

（一）高校体育教学评价设计的原则

1. 方向性原则

通过对哲学、教育学、心理学、评价学等基础学科的综合分析，可以将体育教学评价理解为根据体育教育的教育性质、教育目标进行的一项有目的的社会活动。这也意味着体育教学评价应该具有明确的方向性。在设计体育教育评价时，首先需要在遵循马克思列宁主义的前提下进行指标设计活动。在这个前提下，核心是要坚持有中国特色的社会主义办学方向，体现中国体育教育事业发展、改革和提高的方向。

2. 全面系统性原则

全面系统性原则是指在进行体育教学评价时，首先，不仅要对教师"教"的方面进行评价，还要对学生"学"的方面进行评价，确保师生双边教学评价的全面性。其次，要对师生进行各方面、多角度、全方位的评价。而要使评价做到全面科学，必须把定性评价和定量评价综合起来，相互参照，同时要把握评价指标的主次、区分评价指标的轻重、抓住主要矛盾等。例如，在对体育教师教学的评价中，要做好对教师的课外工作、课堂教学工作、课后教研工作等与教学活动相关的评价；在对学生的评价中，要力求做好对学生学习态度、学习动机、学习表现、运动行为、运动情绪、意志力等的评价，同时将运动参与的积极性、运动技能的发展等作为关键评价指标。

3. 可测性原则

体育教学评价的可测性原则是指，在设置体育教学评价指标体系时，所有指标都必须具备可测量的特性。也就是说，设计的每个指标都可以通过观察或使用测量工具来获得明确的测量结果。换句话说，这个原则使抽象的目标具体化，使其具有直接的可测性。例如，在体育教学中，如果要评价学生的百米跑成绩，可以通过使用秒表进行测量来获得明确的成绩；如果要评价篮球投篮命中率，可以通过计数和数学计算来获得明确的命中率。这些测量方法都可以提供客观、准确的评价结果。

4. 可接受性原则

体育教学评价的可接受性原则是指在设置体育教学评价指标体系时，需要依

据客观实际，而不是仅仅依据主观想法。每个指标的设计都应该有可靠的依据，具体来说，体育教学评价的可接受性原则包括五个方面。

①必须有充分可靠的信息和资料来源，以确保评价指标的科学性和可靠性。

②必须从实际出发，考虑学生的身心发展规律，这样设计出来的指标才能被评价对象所接受。

③必须考虑评价所需的人力、财力、物力、时间及空间等条件，以确保评价的可行性和实际效果。

④必须有鉴别力，即设计的指标能够客观反映被评价对象的好坏，以便做出正确的评价。

⑤必须追求"精"和"简"，即在保证指标科学性和可靠性的前提下，尽量简化评价指标体系，以提高评价的效率和效果。

5. 指导督促性原则

指导督促性原则是指在进行体育教学评价时，要把评价工作和指导督促教学工作结合起来。教学评价不是目的，而是一个过程，最终的目的是指导具体的教学实践工作。要很好地利用体育教学评价的结果，并对体育教学评价的结果进行认真思考与理论分析。

6. 科学性原则

在体育教学评价中，应注重从评价程序、评价方法和评价目标入手，科学设计和安排评价标准，尊重客观规律，做到从实际出发，避免教学过程中的盲目跟风、经验主义，进而提高体育教学过程的科学性、合理性、严谨性，提升教师的教学质量。要做到科学性，可以从以下三个方面入手。

①端正态度。如果在体育教学评价过程中质疑科学，盲目迷信个人经验，甚至是将个人直觉作为决策的依据，那么必然会导致不良后果。

②健全体系。只有建立健全的、合理的评价体系，才能合理安排和设置课程内容，以实现理论与技能的双重教学。

③使用科学的方法。使用科学的方法是体育教学评价沿着正确、合理的方向发展的重要途径，这直接影响评价结果是否公正、公平、准确。

7. 客观性原则

客观性又称真实性，与主观性相对，指事物客观存在，并不以人的主观意志为转移的属性。在体育教学评价中贯彻客观性原则，需要以实际存在的资料为依据，坚持实事求是的态度，对体育教学取得的实际成果、教师的教学质量及学生的学习质量进行客观评价，不掺杂个人情感，否则，就会使体育教学评价失去原有意义，变成个人情感输出的工具，甚至做出错误的策略调整。而要做到客观，可以从以下三个方面入手。

①态度客观。评价者要坚持公正的立场，客观地对被评价对象做出价值判断。

②方法客观。评价内容、方法与主体要多元化，要多方面、多角度地搜集资料，制订适合所有被评价者的方法。

③标准客观。尊重被评价者的个体化差异，制订客观标准，以适应不同群体的实际情况。

（二）高校体育教学评价设计的方法

1. 基础性评价法

基础性评价法是一种针对学生运动特征进行全面审视的评价方法，旨在制订相应的体育教学计划、确定教学目标、选择教学内容和教学方法，以便在今后的教学工作中形成指导性的意见。这种评价法的优点在于能够将不同的评价结果进行个体上的区别对待，使学生能够充分参与其中，从而获得较为广泛和真实的反馈信息。

2. 形成性评价法

形成性评价法是一种在教学过程中持续观察和记录学生学习表现的评价方法。这种评价方法强调在教学过程中对学生的表现进行持续的观察和记录，以便及时了解学生的学习情况，发现学生的学习问题、优点，为后续教学提供参考和依据。形成性评价法的目的在于通过持续的观察和记录，了解学生的学习表现和学习态度，以便在后续教学中进行有针对性的教学，更好地促进学生的学习进步和全面发展。这种评价方法不仅关注学生的学习成果，而且还关注学生的学习过程和学习态度，从而能够更全面地反映学生的学习情况和潜力。

3. 终结性评价法

终结性评价法是一种在体育教学过程结束后进行的评价方法，旨在对教师体育教学的成果进行评价，同时对学生接受体育教学的结果进行量化分析，以确定教与学的实际效果。这种评价方法分为阶段性的总结评价和整体性的总结评价两种模式。

阶段性的总结评价是指在体育教学进行过程中进行的测试，通常是在每个学期结束时进行。这种评价方式可以对学生的学习进展进行评估，同时也可以对教师的教学效果进行反馈。整体性的总结评价是指在体育教学结束后进行的成绩评定，通常是在每个学期的整体教学结束后进行。这种评价方式可以对学生的整体学习效果进行评价，同时也可以对教师的教学效果进行全面的评估。

终结性评价法的优点在于可以对教师体育教学的成果和学生的学习效果进行全面、客观、量化的评价，从而为进一步提高教学质量和效果提供参考和依据。同时，终结性评价法还可以为学生提供反馈和指导，帮助他们了解自己的学习进展和不足之处，为今后的学习提供参考。

4. 情景性评价法

情景性评价法是一种创新性的评价方法，它改变了传统评价方法中单一、机械的评估方式，更加注重在真实的情境下评价学生的体育运动能力和表现。通过模拟真实的运动场景，情景性评价法能够更准确地评估学生在实际情境中的表现，包括技术的运用、临场发挥和应变能力等。

5. 反馈性评价法

反馈性评价法是一种以整个教学过程中的评价工作和评价结果为依据，对其中最有价值的内容、指标进行全面的、系统的评定。其目的是将更有价值的评价信息传递给学生和教师，为学生的学习和教师的教学提供具有明显建设性的意见和建议，促进学生学习效果的提升和教师教学水平的提高。

三、高校体育教学评价体系

（一）高校体育教学评价体系构建的必要性

1. 传统的体育教学评价理念已经陈旧

体育教学评价作为教学评价体系的一个重要分支，深受传统体育教学理念的影响。这种传统的教学理念强调科学性和客观性的评价方法，为了有效地预测和控制教育现象，常常将评价对象置于一个共同的标准和常模之下，并使用评价者所期望的某种价值标准来衡量被评价对象。显然，在这种评价理念的引导下，很可能会出现用统一的标准来衡量所有学生的现象。

传统的教育理念往往注重知识的传授和技能的训练，而忽视了学生能力的培养和个性的发展。这种教育理念下的体育教学评价往往只关注学生的运动技能和身体素质等表面的指标，而忽略了学生在学习过程中的表现、努力程度、合作精神、创新思维等方面。新的教育理念注重学生的全面发展，培养学生的创新精神和实践能力，促进学生的个性发展。这种教育理念下的体育教学评价应该更加关注学生的个体差异和个性特点，同时也更加注重学生在学习过程中的表现和发展。此外，新的教育理念还强调培养学生的合作精神和团队意识，因此体育教学评价也应该注重评价学生的参与度、合作精神和团队意识等方面。

由此可见，传统的体育教学评价理念已经出现了陈旧性问题，无法与当下新的教育观念相协调，也无法适应高校体育教学的发展和进步。

2. 传统的体育教学评价体系已不适应新的高校体育教学目标的发展

在传统的体育教学体制下，我国学校体育教学的目标是增强学生体质，促进学生的身心健康发展。同时，培养学生的体育运动能力和良好的思想品质，使其成为德、智、体全面发展的社会主义事业建设者和接班人。然而，随着时代的发展和教育的进步，体育教学的目标也在不断拓展和深化。新的大学体育教学目标主要包括五个领域：运动参与目标、身体健康目标、运动技能目标、心理健康目标、社会适应目标。这五个目标的要求各不相同。

传统的体育教学评价模式主要以运动技能和运动技术为主，这种评价方式已经无法适应新的大学体育教学目标的实施。此外，虽然许多研究者都提到了传统体育教学评价的应用，但在实际应用中并没有形成一个固定且完善的模式或体系。

传统体育教学评价通常通过标准化的运动技术和技能、体能测试、书面测试、教师观察等方式进行综合评价，最终根据这些测验结果来决定学生的课程等级。然而，这种评价模式采用统一的《国家体育锻炼标准》来衡量所有学生，这种标准往往以学生的身体素质和运动能力为主，过于重视终结性评价而忽视过程性评价，这在一定程度上压抑了学生的个性和兴趣爱好的发展，严重阻碍了素质教育的实施。因此，传统体育教学评价需要进行改革和创新以适应新的大学体育教学目标的要求。

（二）高校体育教学评价体系的构建

1. 建立多元化的体育教学评价模式

在以往的体育教学评价过程中，其模式过于单一，即往往是以上级对下级的主观评价为主。其主要的评价方式是结果式和量化式的评价，从而很难对评价对象做出真实、科学的评价。因此，为了实现现代体育教学评价的全面性、科学性和真实性，关键是要建立起人性化、多元化的评价模式。例如，采用"教师评价

＋学生自身评价＋家长评价"的模式,并将肯定性的语言描述与过去的打分制相结合,对形成性评价方式给予更多的关注,实现与被评价者的交流和人性化、多元化的发展。

2. 更新和创新评价工作的观念和方法

对高校体育教学进行评价的主要目的是提高学生的健康水平,使其能够更好地适应社会发展的需求。为了实现这个目标,更新和创新评价工作的观念和方法是非常必要的。体育教学评价应该被视为一个复杂而全面的价值判断过程。为了准确、全面地评估体育教学,需要广泛地借助各类指标,从学生、教师、教学管理者的行为表现中做出必要的观测和判断。这需要将定量评价和定性评价进行有机的结合,以突出体育教学评价的重难点。

在具体评价过程中,需要针对不同的问题和难点,采用不同的评价方法和指标。例如,对于学生,可以通过体能测试、运动技能评估、健康状况调查等方式来评价其健康水平和体质提高的情况。对于教师,可以通过观察、访谈、问卷调查等方式,评估其教学质量、教学方法、学生满意度等情况。对于教学管理者,可以通过数据分析、专家评审等方式,评价其教学管理效果和效率。

3. 保持评价主体的多维性

随着学校体育教学制度的改革,体育教学评价的主体也发生了较大改变,从之前的教师与学生,逐渐发展为目前的多元化结构,即教师、学生、家长、校方和社会团体等。这也改变了传统体育教学评价主体的单一化现象,避免了体育教学评价的局限性和不全面性。例如,对于学生的体育学习评价,教师对学生在校内的体育活动有着较为权威的认识,但是家长能够清楚地认识到学生在校外的体育活动表现,而家长的评价在传统体育教学评价中很难得到重视,这就造成了学生体育学习评价的局限性。因此,在进行体育教学评价时必须保持评价主体的多维性,这是保证评价结果的全面性和准确性的必要条件。

4. 发挥评价对象在评价工作中的作用

在高校体育教学评价工作中,学生和教师群体确实是极其关键的评价对象。因此,评价体系应该重视"人"的作用,并贯彻"以人为本"的理念,以促进人的个性发展为目标。

首先,对于教师群体,除了关注他们的职业处境和职业需要外,还应该最大限度地激发他们的主体意识,使他们成为评价工作的直接参与者和积极推动者。通过参与评价工作,教师可以更深入地了解教学工作中的问题,从而进行自我反思和改进，提高教学质量。同时，评价体系应该关注教师的职业发展需要，为他们提供持续的专业发展和学习机会，以帮助他们不断提升教学能力和专业素养。

其次，对于学生群体，评价体系应该注重评价结果的进一步应用，根据学生个人运动水平等指标的高低进行激励。这可以帮助学生了解自己的学习状况和发展水平，从而调整学习策略，提高学习效果，激发学生的积极性和主观能动性。只有这样，评价对象才能得到应有的尊重，并激发其进行积极工作的潜力。

5. 建立健全体育教学评价的反馈机制和保障机制

获得评价信息的关键方法和唯一途径便是反馈，建立健全体育教学评价反馈机制是评价活动有效开展的关键条件。信息论的观点认为，信息是一个系统实现有效控制的基础，而反馈则是评价主体获取信息的途径，所以体育教学评价反馈机制是否健全，直接关系着体育教学评价系统是否能够得到有效控制。

为此，建立多条反馈渠道是保证体育教学评价主体能够及时收集到有效评价信息的关键，如学生评价反馈渠道、家长评价反馈渠道。同时，还要丰富评价反馈的内容，如在反馈的同时附上评价对象在整个学习过程中的表现以及需要改进的地方，同时提出希望等。

第五章　高校体育教学方法设计与策略设计

在过去的几十年里，随着社会的不断发展和进步，高校体育教学已经经历了一系列的变革和创新。传统的高校体育教学方法已经无法满足学生的需求，需要一种更加先进和科学的教学方法和策略来提高教学效果。基于此，本章围绕高校体育教学方法设计和高校体育教学策略设计等内容展开研究。

第一节　高校体育教学方法设计

一、高校体育教学方法概述

（一）高校体育教学方法的概念

国内外学者很早就开始了对体育教学方法的研究。诸多专家和学者对高校体育教学方法概念的界定有以下共识。

第一，高校体育教学方法是体育教学系统的重要组成部分。

第二，高校体育教学方法与体育教学系统的其他要素之间具有非常密切的关系。高校体育教学方法服务于高校体育教学目标和高校体育教学任务，应能够促进高校体育教学目标的实现。同时，高校体育教学方法又受高校体育教学内容的制约。

第三，高校体育教学方法是"教"与"学"的统一，可有效促进师生的双边互动。

第四，高校体育教学方法受到特定的教学理论的指导。

第五，与其他科目教学方法相比，高校体育教学方法在注重教学语言要素的同时，更加注重动作要素。

综合我国学者对高校体育教学方法的研究，一般认为，高校体育教学方法是指为实现体育教学目的而采用的手段、方式、措施和途径等的总和。

（二）高校体育教学方法的分类

1. 教法类

教法是高校体育教学过程中教师层面的教学方法，可以具体理解为教师的授课方法。

（1）知识技能教法

知识技能教法包括基本知识的教法和运动技能的教法。

①基本知识的教法。基本知识主要是指体育运动项目的基本理论知识，基本知识教法就是针对这些理论知识展开教学所使用的教学方法，主要涉及基础学练理论知识的教学。

一般来说，体育基础知识的学习主要是抽象知识的学习，具有一定的难度，不像体育运动技术那样可以直观、生动形象地展现，这就需要教师在体育教学过程中深入了解学生的知识基础、思维能力等，以选择相应的教学方法。教学方法应具有可操作性，并注意与体育运动实践的结合。

②运动技能的教法。运动技能的教法即通过相应的教学方法向学生呈现技术动作，帮助学生很好地理解运动技能的概念、构成及完成方式。这对于学生提高体育运动技能具有重要的作用。其教学方法应便于运动技能规律与特点的揭示，便于具体的技术动作的形象化、生动化展示。

运动技能教法的应用特点如下。一是教师通过教学方法的科学选择与实施，促进学生对具体的运动技能的掌握。二是充分考虑与教学体系中其他要素，如教学内容的关系。结合教学内容分析，运用相应方法帮助教师完成教学任务。三是结合实际教学情况，充分突出教学方法灵活多变的特点，随机应变，在体育教学活动中灵活处理各种教学要素。

（2）思想教育法

思想教育法是为展现体育思想教学内容而应用的教学方法。运用思想教育法时应注意体育思想、体育道德内容展示的特点，促进学生的体育价值观念、体育精神、体育道德、体育意志品质等的发展与提高[①]。

思想教育法意在促进学生如下几个方面的发展。

第一，形成良好的意志品质。

---

① 曹菲. 德育理念与体育教学的有效整合 [J]. 唐山师范学院学报，2009，31（6）：148–149.

第二，发展个性。

第三，增强团队协作意识。

第四，形成正确的价值观和审美观。

第五，发展创造性。

2. 学法类

学法是学生"学"的方法，学法类体育教学方法在高校体育教学中扮演着非常重要的角色，指的是指导学生进行体育学习的方法。高校体育教师在对学法进行选用时，要注意做到以下两点。

第一，高校体育教师选用的学法要确保学生可以对前人体育学习的经验加以掌握，使学生可以以此为基础，并获得更好的发展。

第二，高校体育教师选用的学法要确保学生可以将前人体育学习的经验与自身的个性特点相结合，使学生形成终身体育意识，拥有终身体育的能力。

从整体上来说，学法类体育教学方法一方面要使学生掌握一定的体育知识和技能；另一方面也要调动学生的体育学习积极性，使学生养成良好的体育锻炼习惯。

3. 练法类

练法类体育教学方法是指导学生锻炼的方法，是体育教学方法中最能体现体育教学本质特征的方法，直接影响着学生身体素质的提高和运动技能的发展。学生的体育锻炼可分为三个阶段，这三个阶段具有不同的特点，所用的练法类体育教学方法也不尽相同，详情如下。

（1）第一阶段

对动作技术建立直观表象是学生体育锻炼的第一阶段。在这一阶段，学生主要借助听、看、思、记等方法来进行学习，所用的练法类体育教学方法主要包括以下几种：观察法、探究法、聆听法、有意记忆法、理解记忆法、联想记忆法、归纳思维法、形象思维法。

（2）第二阶段

动作技术的实施和矫正是学生体育锻炼的第二阶段。在这一阶段，学生所用的练法类体育教学方法主要包括以下几种：分解练习法、完整练习法、模仿练习法、重复练习法、循环练习法、表象练习法、游戏练习法、变换练习法。

（3）第三阶段

动作技能的巩固和提升是学生体育锻炼的第三阶段。在这一阶段，学生所用的练法类体育教学方法主要包括以下几种：比赛练习法、强化练习法、提高难度练习法。

（三）高校体育教学方法的特点

1. 系统性

高校体育教学方法不是孤立存在的，各种不同的体育教学方法相互联系、互为补充，共同构成一个完整的方法体系，在体育教学过程中发挥出综合效能，完整地达成体育教学目标。无论哪种教学方法，其效果都是有限的，自身也会存在着缺陷。因此，学校体育教学目标的实现，必须依赖于整个体育教学方法系统作用的充分发挥。

2. 操作性

与其他学科不同，体育学科的学习更多时候需要学生进行各种各样的身体练习，具有很强的实践操作性，因此，教师在选择教学方法时应充分考虑学生开展身体活动的可操作性。

高校体育教学方法的实践操作性受体育活动基本性质的影响，同时，也受学生参与体育活动的形式的影响。教师选择与设计教学方法时，应结合具体教学实际对教学方法进行必要的调整，如果教学方法中的某一个环节和形式安排可能在接下来的教学活动开展中受阻，则教师应该灵活变通。总之，不能让教学方法停留在理论层面，而应落到教学实践中，符合教学实践。

3. 针对性

高校体育教学方法是针对不同的教学任务、不同的教学对象、不同的教学过程和为了实现不同的教学内容而选择的。甚至新的教学方法的产生往往也是为了解决体育教学实践中存在的某种问题。因此，不同的教学方法有自己独特的功能和适用范围。例如，针对体育知识和体育技术的教授和学习有不同的教法和学法；新授课、复习课、综合课也有不同的教法与学法；所谓"因材施教"，是针对不同基础和兴趣的学生用不同的教学方法；对于发展学生的体能和技能，亦有体能类教学方法和技能类教学方法等。因此，针对不同的对象和教学过程，体育教师要灵活地选择不同的教学方法。

4. 时空功效性

高校体育教学方法的各教学实施阶段都表现出体育活动的时空功效性特点，以及教学的时空特点。

体育教学开始阶段，教师作为教学主导者，指导学生进行相应的学习活动，同时进行相应的分析、示范和指导。

体育教学期间，教学活动的主体发生了相应的变化，学生的主体作用在不断增强，学生通过认知、分析和练习，掌握相应的知识和技能。

体育教学结束阶段，教师进行相应的总结和分析，对学生的学习过程、学习效果进行客观、全面的评价与分析，并预告下次教学内容，实现本次课与下次课的时空衔接。

5. 动静交替性

在高校体育教学过程中，学生需要调动身体的多种器官参与到教学活动中，并完成一系列的思维与动作活动。高强度的教学会令学生的大脑和身体产生疲劳，随着体能和身体机能下降，学生的学习效率也会相应下降。因此，为了保证教学活动的正常进行，确保学生学习的效率，教师应在教学过程中安排必要的休息活动，否则高强度的教学将会超过学生的负荷，容易对学生造成伤害。

所以，高校体育教学方法也要注重劳逸结合，将学生的负荷情况考虑在内。既要安排适量的教学内容，同时也要注意给予学生充分的休息时间，以便其恢复身体机能，从而保证学习效果。要注意，休息不一定是完全停止所有活动的消极性休息，而是通过轻松的活动来放松身心，消除疲劳，达到一种积极的休息。教师安排休息时应考虑具体的教学情况，注重积极性休息和消极性休息的结合，使得休息可以更好地达到预期效果。

6. 师生互动性

高校体育教学活动的开展需要教师和学生共同参与。整个体育教学活动不应该只是教师组织、学生参与，教师也要适时地融入学生的学练、发现、探索活动，及时给予学生正确的教学指导。教学方法的应用应有助于教师、学生对体育教学活动的积极参与，并促进师生互动。

7. 多样、多变性

通常来说，高校体育教学方法丰富多样，供选择的余地很大，且在体育教学过程中许多因素都会发生变化。学生的基础、场地条件、器械数量和质量、气候等任何一个因素的改变，都会导致体育教学方法的改变，也就是说一成不变的体育教学方法几乎是不存在的。不同的场合有不同的教学方法。即使是同一种方法，在不同的条件下，它的组织方法、活动方式、动作程序都有可能发生改变。

8. 多感官参与性

教师与学生进行各种体育技术动作示范、练习，都需要充分调动身体各部位的感官。例如，教师通过动作示范教授学生某一项具体的体育运动项目的技术动作，学生要利用眼睛去看动作、利用耳朵去听讲解、利用肢体去感受动作。因此，体育学练的过程，也是学生身体多感官共同参与的过程。

在高校体育教学中，为了获得良好的体育教学效果，体育教师在选择和运用教学方法时应注意该教学方法能否充分调动起学生的多种感官的积极参与，优化教学效果。

高校体育教学方法对学生的多感官的调动主要表现如下。

第一，体育学习中，需要学生用眼睛、耳朵以及肢体等感受运动的方向、力度的大小和动作的幅度等，进而形成正确的动作定式。

第二，在形成正确的动作定式的基础上，将所接收到的教学信息进行整理、分析，协助大脑的思维活动，指挥身体的各器官完成相应的动作，并通过不断重复技术动作，最终实现动作技术的完美演绎。

（四）高校体育教学方法的作用

高校体育教学方法是学校体育教学活动的重要因素，它不但在教学过程中发挥着重要作用，而且在教学活动结束后也会产生深远的影响。具体来说，高校体育教学方法的作用主要体现在以下四个方面。

1. 有助于学校完成体育教学任务

在高校体育教学过程中，体育教师与学生双方互动的连接点是体育教学方法。科学有效的体育教学方法有利于密切连接体育教学活动中的两个重要主体（教师与学生），这一连接有利于体育教学目标的实现。倘若没有实效性的科学体育教学方法，体育教学任务就难以完成。

2. 有助于学校提高体育教学质量

通常来说，一种科学合理的体育教学方法能够充分利用各种有利的因素来调动学生的学习积极性，发挥他们的主观能动性，从而提高学习效率，得到事半功倍的效果，提高体育教学质量。

3. 有助于营造良好的体育教学氛围

一般来说，良好的体育教学方法能引起学生的学习兴趣，营造出一种奋发向上的学习氛围。而一种好的氛围能使学生受到感染，又反过来影响学习过程，从而形成一种良性循环。在体育教学中坚持运用这类教学方法，有助于体育教师在学生心目中树立威望，进而促进学生自觉、主动地学习，使体育教学过程的气氛更加融洽，教学方法的实施更加协调自如。

4. 有助于促进学生身心的全面发展

一种好的教学方法蕴含着科学性，而其运用的过程就是学生受到科学思想熏陶的过程，这无疑对学生心智的发展具有良好影响。反之，不良的教学方法则会产生不良的影响，对学生心智的发展也具有消极的负面作用。此外，由于体育活动的特殊作用，良好的教育方法还能促进学生的情感、意志等非智力因素的发展。总之，体育教学方法对学生的身心发展具有十分重要的影响。

（五）影响高校体育教学方法选择的因素

影响高校体育教学方法选择的因素主要包括以下几点。

1. 教学目标与任务

教学目标是体育教学的起点和重点，教学任务是实现教学目标的基础和保障，教学方法是完成教学任务的条件和媒介。所以，不管是体育教学方法的设计还是体育教学方法的选择都离不开教学目标和任务的指导。再加上不同的教学目标和任务对学生有着不同的要求，教学工作者应当按照这种要求设计具有针对性的教学方法。通常来讲，体育教学目标可分为认知、情感和技术动作这几个方面，每个方面的教学又可以按照对知识和技能要求的不同分为若干个层次，不同的层次需要学生掌握的内容不尽相同，所以也就需要不同的教学方法。例如，如果某一教学目标强调的是"培养学生对某种运动的理论了解"，那么，体育教师就可以选用讲解法进行教学；如果某一教学目标强调的是"提高学生的某种运动技能"，那么就应该选择一些以实际操作为主的教学方法。因此，教学目标也是影响教学方法选择的因素之一[1]。

总的来说，这要求体育教师深入研究和分析教学内容，掌握每一种教学方法所对应的知识和技能，同时，还要能够将教学中抽象、宏观的教学目标转变成实际可操作的具体的教学目标，并清楚地知道何时选择何种教学方法最有效。

2. 教学内容的特点

教学内容是高校体育教学的重要参考，也是高校体育教学方法的服务对象之一。不同课程以及科目的教学内容不同，其教学任务也就存在着明显的差异，所

---

[1] 刘锦. 现代体育教学体系的建设与发展研究 [M]. 北京：中国书籍出版社，2018.

需要的教学方法也会有所不同。由此可见，教学内容的特点是教学方法选择和实施的参考依据。如某体育教师在进行体操课程的教学时，就需要根据体操对学生身体的要求和体操运动所需要的场地、器材，选择适当的教学方法。

每一种教学内容都有与其相适宜的教学方法，如果需要学生掌握的教学内容是一些纯理论性的知识，如体育教学的发展历史、体育教学的起源等，类似于这样的教学内容，教师就可以选择讲解法进行教学，或者借助多媒体教具，通过图片或是动画的形式向学生展示相关的理论知识。如果所教的内容是一些技术性较强的知识，那么就需要运用实践法进行教学。有的体育运动如篮球、足球，由于此类运动具有群体性，因此应该采取小组教学的方式进行。

综上所述，教师要认真研究教学内容，把握各个教学方法的适用范围和效果，然后结合具体教学内容的特点选择合适的教学方法。

3. 学生的身心发展

高校体育教学是贯穿于学生整个学习过程的教学，具有持久性。心理学研究和教学实践都表明，学生的身心发展状况与教学之间是相互作用的。因此，高校体育教学过程中的教学方法选择受到学生的个性心理特征和他们所具有的基础知识水平的限制。同一年级的不同学生对某种教学方法的适应性可能会有很明显的差异。这要求教师可以科学而准确地对学生的上述特点进行分析，有针对性地选择和运用相应的教学方法，使学生在学习知识、掌握技能的同时，身心得到发展。如教师在对学生进行增强体质的训练时，体育教学所面对的是全体学生，由于任何个体的成长发育都具有阶段性，如果在进行训练的时候对各个阶段的学生所采用的均是同一种训练方法，那么就有可能导致部分学生无法完成学习内容。

4. 教师自身的素养

教师是体育教学中的主导者，承担着提升学生身体素质和综合素质的使命，并有指导学生科学地学习体育教学中相关知识的责任。所以，教师自身素养直接影响着教学方法的选用和实施，从而影响体育教学的质量。教师的素养主要包括组织能力、思想道德品质和教学能力。体育教师只有拥有较高的自身素养，才能在教学的过程中选择科学的教学方法，这也是提高教学质量的关键。所以，教师在教学的过程中，不仅要关注学生的实际情况，还要不断提高自身的素养和专业水平，这样才能根据自己的优势，选择适合自己的教学方法，并不断创新教学方法，逐步提升自己的教学水平。

5. 教学方法本身的特性

教学方法虽然是保证教学质量的关键，但是没有一种教学方法是万能的。每一种教学方法都有其相对应的人群和所适用的环境和条件，离开这种环境和条件，这种教学方法的作用将无法充分发挥。简而言之，教学方法本身具有特性，只在特定的环境和特定的内容中才表现出亲和性和功能性，而且不同的教学方法对教学对象的身心发展等方面均有影响。教学方法本身就是一种多因素的有机组合，既存在促进的关系，也存在矛盾的关系，这些多因素同时也决定了每一种教学方法都有其相适应的范围和条件。

教学方法本身所具有的特性，也是影响教学方法的因素之一。在进行教学的过程中，需要采用因材施教的教学法进行教学，首先应该清楚学生的特点、教学内容的特点，这是此教学法的主要要求。由于某种教学方法较为耗费人力、物力，如果教学对象群体较为庞大，选用此种教学方法就不占优势。

6. 教学环境的要求

教学环境是教学实施的基本条件，也是保证教学正常进行的前提。任何一种教学方法都是在一定的教学环境下产生和实施的，所以，教学环境是教学方法产生的土壤，也是教学方法赖以生存的养料。教学环境包括教学硬件设备设施（如教学器材和一些辅助仪器、教学所需的资料和书籍）、教学空间条件（包括教学场地、实践场地）和教学所需的时间。在有利的教学环境中，会对教学起到一定的促进作用，反之，则会对教学形成一定的阻碍。所以，在进行教学的时候，要进一步开拓教学方法的适用范围。这样，教师在选用教学方法时，才可以最大限度地对教学环境加以利用，不断提升教学质量。

二、高校体育教学方法的构成

教学方法是在教学实践中不断发展的，在高校体育教学中，教学方法的选用直接影响教学目标和任务的完成质量。通常构成高校体育教学方法的要素有以下三个。

（一）语言

语言是人们沟通的工具，也是人们认识和理解客观世界的媒介。在高校体育教学中，无论是教师的"教"，还是学生的"学"，都离不开语言。因此，语言是构成体育教学方法的第一因素。

（二）身体练习

高校体育教学的最大特点是以身体练习的实践为基础。学生在教学中通过反复的练习，掌握体育的基本技术、技能，并使机体得到锻炼。要使学生的机体得到合理的锻炼，体育教师必须在教学中合理地安排负荷与休息时间，而这又取决于教学中实际身体练习的安排。所以，身体练习就构成了体育教学方法的第二因素。

（三）器材设备

正如其他学科的教学离不开课本、黑板一样，体育教学离不开一定的器材设备，这是进行身体练习的物质条件。在教学实践中，器材设备的变化往往决定着教学方法的改变。因为器材设备的安排影响着教学的组织方法；器材设备的数量又与教学中的密度特别是练习密度有直接的关系。可见，器材设备构成了体育教学方法的第三个因素。

语言、身体练习、器材设备构成了体育教学方法的三个主要因素。这三个因素有机地结合，构成了一个不可分割的教学方法整体。所以，我们只有全面考虑这三个因素，统筹安排，方可充分发挥体育教学方法的效能。

三、高校体育教学方法设计的基本点

好的理论指导会使教学方法的设计更完善，体育教学的其中一个任务便是做好体育教学方法的理念设计工作。体育教学的设计除了要确定适用范围和使用环境，还要确定实施的对象。只有这样才可以提高体育教学的质量，保证体育教学方法的实用性和科学性。

（一）基于语言传递信息的高校体育教学方法设计

语言是学科教学中不可避免要使用的工具，语言传递信息即教师通过口头话语向学生讲述体育知识与技能的一种教学方法。

1. 讲解法

讲解法是语言教学中较为普遍的一种教学方法，通常包括讲解概念、原理、原则、特点、性质等。讲解法在实际运用过程中应注意以下五点。

（1）明确讲解的目的

讲解法教学并不是简单地陈述课本上的内容和知识要点，而是教师按照教学目标、教学内容以及学生特性进行有意义、有针对性的讲解。在讲解过程中要注重语速平缓、语气平和，同时要抓住教学内容的重点和难点，这样才能使学生既能够准确地获取教师所讲解的内容，又能够明白其需要掌握的难点。

（2）注重讲解内容的正确性

无论是书本上的知识点，还是教师自身的看法或观点，教师在进行讲解时都要保证其内容的正确性和科学性，不能让学生产生困惑和不解。除此之外，讲解的内容还要与学生当下的学习基础和掌握能力相符。

（3）讲解方式生动形象、简明扼要

讲解方式生动形象、简明扼要，有利于学生有效理解各种动作结构的要点和难点。在具体的讲解过程中，教师应当注重将新的动作结构与学生的基本水平相结合，使学生可以更好地结合理论和实践。除此之外，由于课堂时间有限，教师在进行教学时可以先讲解本堂课的重点内容，避免学生因注意力不能长时间集中而无法有效掌握学习重点。

（4）注重发展学生的思维能力

在高校体育教学中，对于一些体系化、整体化的知识和动作结构，不能将其孤立起来，要通过讲解的方式激发学生的发散思维与创造思维，使学生在学完知识点后可以做到举一反三、学以致用。

（5）注重讲解的时机和效果

讲解的时机和效果指的是在最有效的环境和位置中保证学生能够最大限度地学习知识。例如，教师在进行教学时，学生以高矮顺序进行前后位置排队，而为了避免距离自己较远的学生无法听清自己的讲解，可以让学生以教师为中心站成圆形的队伍，确保每一个学生可以听清教师讲解的内容、看清教师的示范动作。

2.问答法

问答法历史悠久、行之有效，也是人们广泛推崇与应用的一种体育教学方法。问答法的优点是便于培养学生的发散思维，可以在问答的过程中培养学生思考问题的能力，提高学生的语言表达能力。

在运用这种方法进行体育教学时，应该注意以下几点：第一，尽量采用简短的语言进行问答；第二，在问答的过程中，不要给学生过长的思考或交流讨论的时间；第三，将问答设定在技能教学的开始或结束，该方法的作用会更加明显。此外，在使用问答法进行教学时，还应该注意提问的引导性，通常来讲，提的第一个问题与体育教学知识和内容关系不大，其主要目的是吸引学生的注意力。紧接着的第二个问题则旨在引导学生进行思考，如"想一想你们的动作和老师的动作有什么不一样的地方？"这种具有辨别性和归纳性的问题，可以引发学生思考体育技能动作。第三个问题通常属于价值判断和归纳性的问题，比之前的问题更能引起学生深入性的思考。例如："谁来回答一下，他的示范动作好吗？好在哪里？又有哪些不足？"这样逐层深入地提问，可以引导、帮助学生由浅入深、由表及里地思考问题。

3. 讨论法

与讲解法和问答法相比，讨论法的自由度更大。讨论法主要是在高校体育教师的指导下，以班级或小组为单位，讨论教材的中心问题，让学生自由讲述自己的观点和意见。相比其他方法，讨论法更能促进学生积极、主动地参加体育锻炼与学习活动，更有利于增强学生的团队合作精神和集体主义精神。由于在讨论的过程中学生可以自由发挥自身的才能，有利于培养学生的发散性思维与协作意识，从而更有利于激发学生的学习兴趣，提高学生的学习积极性。值得注意的是，虽然讨论法可以调节课堂的气氛，调动学生的学习热情，然而，如果讨论的自由度过大，教师就很难掌控局面，从而难以保证教学效果与教学质量。所以，在讨论的过程中，高校体育教师应该适时参与其中，并引导学生的讨论内容与讨论方向，以确保充分发挥讨论法的积极作用，及时消除讨论法的消极影响。

（二）基于直接感知的高校体育教学方法设计

教师对体育技能进行演示和直观表达，学生通过身体的感知获得体育的相关技术知识，这便是直接感知，以此为依托的体育教学方法是体育教学中常用的教学方法。直接感知的教学方法具有直观性，在教学中很受推崇，学生十分喜欢这种教学方法。

对直接感知的教学方法进行分类，可以将此教学方法分为以下三种：动作示范法、演示法、预防与纠错教学法。

1. 动作示范法

动作示范法从字面意思来说就是教师进行动作示范，学生根据示范学习。动作示范法可以将动作的特征、特点以及技术要领直接向学生展示，使学生能够清楚地了解自己需要注意的点。同时，动作示范法也可以使学生对体育更感兴趣。

教师进行动作示范法教学时，不能随心所欲，需要注意以下几点。

①在进行动作示范之前，要有明确的教学目的，动作示范要紧紧追随教学实际的需要。

②在进行动作示范的时候，一定要保证动作的准确度，要根据教学规范完成动作。

③示范动作要美观，因为美观可以提高学生学习的积极性。

2. 演示法

教师借助教具向学生传授技术和知识的教学方法就是演示法。目前，演示法的运用比较常见，是教师比较依赖的一种教学方法。演示法使得教学与生活实际相联系，学生对于演示法的接受度较高。它提高了学生学习的积极性，使学生乐于掌握相关知识。在高校体育教学过程中，演示法也发挥着极大的作用。

在教学过程中，教师使用演示法进行教学的时候需要注意以下两点。

①演示动作要结合实际，教师进行教学的时候要明确目的，要结合教学实际进行，使得学生完全掌握与体育运动相关的技术要领。

②演示法要结合教具使用，随着现代技术的发展，教学中有许多教具可以选择，如计算机等教具在教学演示中就有很大的作用，可以提高学生学习的积极性。

3. 预防与纠错教学法

预防与纠错教学法是指教师及时纠正学生做出的一些错误动作，这种教学方法在高校体育教学中也较为常见。在高校体育教学过程中，学生不可避免地会因认识不全面、接受能力有限、基础能力不强等而出现错误，教师应当对此表示理解，并及时做出纠正和引导。

虽然预防和纠正的最终目的是一样的，但是从本质上看还存在着一定的区别。预防是一种有预见性的防范，纠错是对现在已经发生的错误进行后期改正。预防与纠错教学方法的实施具体有以下四种。

（1）语言表述法

语言表述法可以帮助学生在做出动作前，先建立一个正确的动作意识，所以在进行语言表述时，就需要详细准确地描述一些细节和重点内容，使学生对各个细节部分有深刻的理解。

（2）诱导练习法

例如，如果学生在做肩肘倒立时无法挺直腰腹部，针对这种情况，教师可在垫子上方悬一吊球，让学生用脚尖触球，这样学生就可以挺直腰腹部，这就是诱导教学法。

(3) 限制练习法

限制练习法是指在学生进行动作练习时，教师对其做出一定的约束和限制，防止学生在自主练习的过程中出现错误。例如，在进行篮球投篮练习时，为了使学生的投篮动作更加协调、标准，可进行站在罚球线附近的投篮练习，这使学生掌握正确的投篮方式。

(4) 自我暗示法

自我暗示法是一种应用于各个学科的教学方法，比较简单易行。在高校体育教学过程中，当学生对自己没有信心时，自我暗示法可以有效地帮助学生恢复信心。例如，"我可以的""我一点都不感觉到紧张""这个动作我已经练习很多次了，相信不会出错"都是良好的自我暗示语句。

（三）基于身体练习的高校体育教学方法设计

以身体练习为设计理念的体育教学方法，是指通过身体锻炼和练习以及技能的学习使学生对某种运动技能加以掌握和巩固，让学生的身体得到锻炼的方法。因为高校体育教学的本质就是以学生的实践活动为主要特征的教学，所以，以"身体练习为主"的教学是开展高校体育教学的主要方法和形式，也是教师传递知识和技能的主要手段。在高校体育教学实践中，以身体练习为主要设计理念的体育教学方法有分解练习法、完整练习法、领会练习法、循环练习法等。

1. 分解练习法

将复杂的动作分解成几个部分，分别对各个部分进行教学的方法叫作分解练习法。分解练习法的主要作用是降低体育运动技术的难度系数，使学生更易掌握相关的内容。分解练习法的重点是确保分解步骤的合理科学，保证分解步骤的连贯畅通。比如，在进行篮球教学的时候，教师可以将教学步骤分解为传球、运球、投篮等步骤。先简化动作，让学生分步掌握，之后进行合并。

2. 完整练习法

在体育教学中，完整练习整套动作的方法就是完整练习法。完整练习法适用于简单的体育运动项目，如仰卧起坐、扎马步和跑步等运动。完整练习法的优点是能保证动作的完整性和连续性，使完整的动作概念在学生脑海中呈现。教师使用完整教学法教学时需要注意学生是否能接受这种方式。在教学之前，教师要通过相应的语言描述对相关内容进行讲解，并对体育运动进行示范练习。与此同时，还要进行相关的辅助练习，这样才能使体育教学真正发挥作用。

3. 领会练习法

教师借助相应的语言、图片、文字以及视频，使学生大致了解并认识一项运动的方法就是领会练习法。领会练习法使学生在进行教学之前便对教学内容有所了解，这可以提高学生学习的兴趣，使学生在学习过程中更加积极。同时，学生对这项运动更加了解也有助于学生提高相应的知识技能。

教师在选用这种教学方法的时候，应该从项目的整体特征入手，然后引导学生对此项目进行具体的练习，最后回到整体的认识和训练中去；同时教师应该注意培养学生的战术意识，使战术意识贯穿于整个教学始末。例如，在对学生进行排球比赛相关规则的讲解和技术的讲授时，首先让学生观看某场伴有现场解说的排球比赛，视频和文字介绍能让学生领会到比赛的规则；通过观看现场比赛，可以让学生领会排球比赛战术和某一技能的重点。

4. 循环练习法

循环练习法是指按照教学的需要选定若干个练习手段，分设相应的练习站（点），学生按一定的顺序和练习要求，依次循环练习的一种方法。循环练习法有利于控制和调节练习密度和运动负荷，也有利于学生练习兴趣的提升。它主要是指一种练习的方法，而不是一种教学方法，但它也是一种组织教学的方式。循环练习的方式有多种，主要分为分组轮换式和流水式两种。

（1）分组轮换式

分组轮换式指将学生分成若干小组，分别在各个作业点上练习，到一定时间后，同时进行轮换的方式。

（2）流水式

流水式指全体学生根据各个作业点的不同要求，依次进行练习的方式。

运用循环练习法时应注意以下几点。其一，练习内容、练习数量以及循环练习方式，应按照教学任务、教学条件、学生情况及场地器材的实际情况来确定。练习站数量一般以 3～5 个为宜，不宜太多。其二，练习内容应是学生会做的，并且将发展基本活动能力、身体素质、心理品质的内容合理地搭配，促进学生的全面提高。其三，各练习站练习的负荷大小应在学生最大负荷能力的 1/3 到 2/3 之间，并且应交替安排各练习站练习的负荷。

第二节　高校体育教学策略设计

一、高校体育教学策略概述

（一）高校体育教学策略的特征

体育教学策略的复杂多变性源自对教学过程、内容安排和组织形式等的不同选择，这些选择方式的多样性决定了体育教学策略的多样性。深入了解体育教学策略的特点有助于我们更好地理解和实施体育教学活动。

1. 目标指向性

体育教学策略旨在解决实际的教学问题，实现预设的教学目标，达到预期的教学效果。因此，体育教学策略的特点体现在以下两方面。首先，每个体育教学策略都是为特定的教学目标设计的，并且始终致力于满足这些目标所提出的要求。其次，任何体育教学策略都是为了实现体育教学目标而存在的。一旦达到某个特定的体育教学目标，并完成相应的教学任务，这一策略及其相应的手段就不再继续使用，而会针对新的体育教学目标采用新的体育教学策略。

2. 可操作性

体育教学策略的制订是为了实现具体的体育教学目标。体育教学策略需要转化为体育教师和学生的具体行动，即制订计划或方案以达到教学目标。因此，体育教学策略必须是具有可操作性的。

3. 灵活性

体育教学策略与所要解决的问题之间并不是一对一的对应关系，同一策略可以应用于不同的问题，而不同的策略也可以解决相同的问题。这反映了体育教学策略的灵活性。在高校体育教学中，教学策略的运用应该根据问题情境和教学对象的变化进行调整。同时，不同的教学策略在相同的学习群体中可能会产生不同的教学效果。因此，体育教师需要具备灵活的思维，能够根据不同情况灵活运用教学策略，这样才能实现更好的教学效果。

（二）高校体育教学策略的结构

高校体育教学策略的结构指的是教学策略各组成要素之间相对稳定的联系方

式、组织秩序以及它们在时间和空间上的内在表现形式。一个成熟有效的体育教学策略一般包括下列要素。

1. 体育教学指导思想

体育教学指导思想是制订和实施体育教学策略的重要理论基础，它为制订具体的体育教学策略提供了理论依据，是教学策略的核心理论支撑。在制订和实施体育教学策略的过程中，教师所持的教学思想决定了他们所采用的教学策略。例如，如果教师注重促进学生之间的互动和合作，他可能会采用群体合作的体育教学策略。

2. 体育教学目标

任何一种教学策略都指向一定的教学目标，体育教学目标是体育教学策略的核心要素，在一定程度上制约着其他体育教学要素。不管是活动内容还是活动细节、活动方式，或者是活动的程序都是指向体育教学目标的，为达成体育教学目标而存在。分析体育教学目标，是制订和选择有效体育教学策略的关键。

3. 实施程序

体育教学策略是根据特定的体育教学目标来组织的一系列操作步骤。由于体育教学的复杂性和特殊性，体育教学策略的实施程序是灵活的，可以根据教学条件和进程的变化进行及时调整和变换。虽然有一定的前后顺序，但并不是僵化和一成不变的，而是需要根据实际情况灵活运用。重要的是教师能够根据学生的需求和教学情境，合理地选择和调整体育教学策略，以达到更好的教学效果。

4. 操作技术

操作技术即体育教师运用教学策略的方法和技巧。要保证体育教学策略的有效实施，就必须提出明确的要求，一般包括以下几个方面的内容：体育教师方面，体育教师发挥的作用或对教师的要求；体育教学内容方面，包括体育教学策略的依据和对体育教学内容的处理；体育教学手段方面，除通常体育教学所运用的体育教学手段外，还包括运用该策略所需的特殊体育教学手段。

二、高校体育教学策略的实施

（一）高校体育教学策略的制订

1. 制订体育教学策略的依据

①从体育教学目标出发。体育教学策略是达成特定体育教学目标的方式。

因此，有什么样的体育教学目标，就应当选择能实现这个体育教学目标的教学策略。

②依据学习规律和教学规律。教学策略的制订旨在保证教学成功，是一种用于促进学生学习、提升教学效果的方法，应遵循学习规律和教学规律。

③适合体育学习内容。内容决定方式，体育教学策略就是完成体育教学内容的方式。

④符合教学对象的特点。不同的学生具有不同的学习风格，我们要采用符合学生特点的体育教学策略。

⑤考虑教师本身的条件。教学策略的使用者是教师，所以要考虑教师的驾驭能力，脱离教师本身的策略可能会使效果适得其反。

⑥考虑客观条件。教学活动受到多方因素的影响，所以教学策略的制订应当充分考虑各方面的客观条件，如教学场地、设备、仪器、天气因素等，这样才能应对各种教学情况，使教学活动有序展开。

2. 制订体育教学策略的要求和原则

根据相关的学习理论和教学理论，制订体育教学策略有若干基本要求或原则，它们为衡量体育教学策略的有效性提出了比较具体的科学标准。

（1）能够为学习做准备

学习准备，即为了适应一定的学习要求，学生必须掌握一些必备的知识技能，具有一定的学习能力。在此基础上开展教学活动，有利于学生在新的学习中积累经验、获得成功，同时还有助于学生合理安排和分配学习时间和精力。因此，教学策略中应适当包含一些学习准备的内容。

（2）内容组织合理

体育教学内容应该根据逻辑层次和心理程序进行组织，并慎重安排教材的呈现序列，以便学生可以循序渐进地理解知识并长久地记住。在呈现教材内容组块时，应根据体育内容的复杂程度、困难程度以及学生的特点和学习类型来决定每块内容的大小。如果组块过小，学生会觉得太简单而粗心应对；如果组块过大，学生可能会觉得难以承受而失去信心。因此，合理安排教材的呈现序列和组块大小至关重要。

（3）应注重个别差异

体育教学活动的安排须考虑学生的差异性，如兴趣、能力、气质和性格等的不同。制订体育教学策略时要设身处地以学生为出发点，尤其对于成绩不够理想的学生,应更加注意理解和尊重。体育教学设计要把促进每一个学生在各自的原有基础上不断提高作为根本目的。

(二)高校体育教学顺序的确定

高校体育教学的顺序是指教学过程进行的前后次序,涉及体育教学内容呈现顺序、体育教师活动顺序以及学生活动顺序三个方面。

①体育教学内容呈现顺序,指的是体育知识和技能在教学过程中出现的先后次序。应根据学科的特点和教学目标,选择合适的知识和技能进行讲解和练习。例如,在学习篮球运动时,可以先讲解基本技术动作,如运球和投篮,然后逐渐引入战术等内容。

②体育教师活动顺序,指的是体育教师进行教学活动的前后次序。教师应根据课程设计和学生的学习需求,合理安排教学活动的顺序,确保教学的连贯性和有效性。例如,在进行集体练习之前,教师可以先进行示范和解释,然后引导学生逐步实践。

③学生活动顺序,指的是学生进行学习活动的前后次序。学生在学习过程中应按照教师的引导和安排,逐步完成学习任务。例如,在为团体比赛备战时,学生可以先进行个体技术训练,然后逐渐组成小组或团队进行合作和对抗。

这三条线是相互联系、相互配合,同步进行的,必须整体进行设计。其中体育教学内容呈现顺序是主线,应围绕体育教学内容呈现顺序,设计体育教师活动顺序和学生活动顺序。

第六章 高校体育运动教学设计与科学训练

高校体育运动教学是提高学生身体素质和运动技能的重要途径，也是提升学生综合能力和健康意识的重要环节。随着现代社会对高校体育运动教学要求的不断提高，传统的教学已经无法满足学生的需要，需要设计和实施科学的教学与训练方法来提高教学质量和效果。本章围绕足球教学与训练、篮球教学与训练、排球教学与训练、健美操教学与训练等内容展开研究。

第一节 足球教学与科学训练

一、足球教学

（一）足球教学的问题

1. 足球教学目标方面

体育教学目标是体育教学体系的重要内容和组成部分，体育教学目标的制订不是盲目的，而是要依据学校的具体实际、学生的个性特征及发展水平等进行合理的确定。科学合理的体育教学目标的制订对于体育教学质量的提高是十分重要的。需要注意的是，体育教学目标要具备一定的可测定性，是师生经过努力所能达到的，它也可以说是一个重要的教学标准，对整个体育教学活动起着重要的指导作用。

通常来讲，高校足球教学目标体系主要包括知识传授、技能培养、提高身体素质和思想教育等四方面的内容。

（1）教学目标缺乏明确性

关于体育教学的目标，教育部及相关部门都有一定的规定。但需要注意的是，目前我国部分学校没有很好地对这些政策或制度进行贯彻与落实，制订出的体育教学目标与国家的规定有着一定的差异，这主要体现在以下两方面。

①足球教学目标没有清晰的文字说明，导致师生的沟通与交流存在一定的问题。在这样的情况下，师生都很难清晰地了解足球教学要达到的标准，不利于提升足球教学的质量。

②足球教学目标要有必要的指标性描述。我国目前尽管制定了相应的足球教学目标，但是没有必要的指标性描述，这就失去了足球教学目标的指导和引领作用。

（2）足球教学目标不系统

为了顺利有效地开展足球教学活动，必须以一定的教学目标为指导。因此，确定一个科学合理的足球教学目标非常关键。总体上来看，我国大多数学校的足球教学目标较为单一，体育教学的主要目的在于让学生学习和掌握体育理论与技能，而在体育品质等方面的教育则有所欠缺，没有很好地将体育理论与技能和体育品质进行结合。为了解决这一问题，必须做好以下两方面的内容。

一方面，在具体的足球教学过程中，体育教师应系统地教授学生各种足球知识，丰富学生的足球知识结构体系。因此，在设计足球教学目标时应以一般教学目标为前提，保证教学目标制订的完整性与系统性。

另一方面，足球教学系统中的各项要素既各自独立又相互联系。足球知识的掌握是足球技能提高的基础；学生学习足球技能离不开对足球基本知识的吸收；在足球教学或训练活动中，还要加强学生的思想品德教育，这也是必不可少的一方面，这一方面在当今的足球教学中常常被忽略。

2. 足球教学内容方面

通常来讲，我国各学校的足球教学内容主要包括理论教学和实践教学两部分，这两个部分缺一不可。在足球课上，体育教师都要将这两部分作为重要的教学内容。但实际情况中存在重足球实践和轻足球理论的现象，这一现象在各个学校中是普遍存在的。具体来讲，高校足球教学内容主要存在以下几方面的问题。

（1）教学内容的目的性不强

高校足球理论教学的主要目的是让学生掌握基本的足球知识，为提高足球技战术能力奠定良好的理论基础。虽然我国部分学校的足球教学，一般都涉及足球常识、足球规则、足球裁判法等知识，但还不够深入和丰富，常流于形式，因此学生所学到的足球理论知识并不能很好地在足球实践中加以运用。

（2）教学内容缺乏趣味性

对于处于青春期的学生而言，他们一般都活泼好动，上体育课时也喜欢那些富有趣味性的教学内容。目前我国大部分学校的足球教学内容具有较强的专业性和竞技性，缺乏一定的趣味性和娱乐性。在具体的足球实践中，教学内容主要集中于足球技术和战术方面，并且较为枯燥，在一定程度上影响了学生学习的积极性。

（3）教学内容的顺序不合理

通常来讲，体育教师按照大学体育教材组织足球教学活动。教学内容的顺序一般先为技术教学、后为战术教学，二者之间的联系并不是很紧密，甚至大部分时候被割裂开来。遵循教材进行教学严格遵循了教学内容从易到难、从简单到复杂的顺序，具有一定的合理性，但这种教学方式也存在一定的缺陷。

（4）教学内容与教学组织不配套

足球技术是高校足球教学的重要内容，在实践课中，技术教学占据着绝大部分时间，由此可见其重要性。关于足球技术教学，大部分教师都非常重视，采取了各种手段与方法来组织教学活动，以提高学生的足球技术水平。足球技战术教学十分重要，它是运动队获得比赛胜利的重要基础。足球技战术系统主要包括踢球技术、运球技术、铲球技术、头顶球技术以及个人战术、局部战术、集体战术等。在足球教学中，以上内容必不可少。学校足球教学课时安排较少，往往一周只有一次教学课，而对于学校足球队而言，课时安排则较多。大学生足球运动员每天都能参加足球训练，这与普通学生的足球教学形成了鲜明的对比。

在当前的足球教学中，有很多的足球技战术教学都被放在了足球课堂教学中去实施，但是这两者之间并不配套。

3. 足球教学方法方面

教学方法主要分为教师的"教法"和学生的"学法"两个部分，这两个部分是相互统一的，我们通常所说的教学方法，大多指的是教师的"教法"。总体而言，在当前我国高校足球教学中，教学方法还存在以下问题。

（1）教学方法较为单一

青春期的学生一般都比较活泼好动，独立意识较强，他们对于足球运动的学习有着较为明确的需求。然而，在具体的足球教学实践中，由于教师只是一味地采用灌输讲解的方式展开教学活动，教学过程显得比较枯燥和乏味，足球教学要求也不明确，严重打击了学生学习的积极性。

在各种主客观因素的影响下，每一名学生的各方面都呈现出较大的差异，所以学生对足球教学的需求也有所不同。为了帮助学生更好地学习与掌握足球技能，必须选择合适的教学方法。但在实际的教学中，教学方法显得比较单一，教师基本采取讲解示范的教学方式，这一教学方法比较枯燥，很难激发学生学习的积极性。

（2）教学方法落后

我国部分学校的足球教学方法相对落后，在一定程度上忽视了学生的主体性，这不仅不利于充分发挥学生的积极性，而且也不利于提高足球教学的质量。

除此之外，目前部分学校也缺乏一个科学的教学监督与管理机制，这不仅不利于足球教学活动的顺利组织与实施，而且也不利于足球教学方法的改进与创新。

（二）足球教学的原则

1. 主体性原则

高校足球教学的主体性原则，是指在相关活动中对于诸多教学元素的选择要与学生的需求和特点紧密结合。与此同时，学生也要积极配合教师的教学，这样才可以取得理想的教学效果。

遵循高校足球教学的主体性原则需要注意以下几个方面。

①高校足球教学是教与学的双边活动。教学活动包含"教"和"学"两个部分，"教"是教师实施的，而"学"则由学生实施，两方的地位应该是平等的。这就要求教师在教学中要尊重学生，保证学生主体性的发挥，提高学生主动解决问题的能力。

②引导学生明确学习目的。学习效果与学习动机之间的关系十分密切。如果学生的学习目的不明确，学习动机不正确，就不可能积极主动地去学习，所以，体育教师必须引导学生明确学习目的。

③培养学生对足球的兴趣。兴趣可以说是学生学习最直接的动机。当兴趣产生后，学生学习的主动性就会大幅提升，在教学中的专注度和投入度也会提高，因此教学效果自然最好。为此，教师就应在教学中从各个元素中挖掘可以提升学生学习兴趣的点，促使学生以积极饱满的热情投入学习之中。

④建立民主平等的师生关系。一个良好的教学氛围必定是民主平等的，民主平等的师生关系有利于顺利开展教学活动，同时也有利于教师和学生在教学活动中充分感受到自己的主体地位。在具体的足球教学中，体育教师要关注每一名学生，进行有针对性的教学，建立平等民主的师生关系。

2. 实效性原则

高校足球教学贯彻实效性这一原则需要注意以下几个方面的要求。

（1）选择合理的教学方法

教学方法对教学活动的顺利开展具有十分重要的作用。所以，必须设计与选择合适的教学方法。一个好的教学方法能直接让教学产生实效，激发学生的兴趣，教学质量也就随之提升。为此，教师不仅要选择好传统的教学方法，还要尝试创新教学方法，这样才能促进教学质量的提高。

（2）经常性开展调查研究

负责组织高校足球教学活动的教师不应仅满足于当前的教学能力和理念，在业余时间中还要不断研究足球运动的最新变化和发展趋势。即便足球运动已经是一项较为成熟的运动，但其仍旧处于发展之中。教师要时刻关注足球运动的发展动向，这是保持其教学与时俱进的关键，只有如此才可以满足学生不断增长的足球学习需求。这也体现了高校足球教学活动秉承的实效性原则。

（3）用唯物辩证法指导教学工作

在高校足球教学中遇到的问题需要体育教师用"一切从实际出发"的唯物辩证法观点来解决，注重剖析事物的本质，抓住教学难点和教学重点，以解决教学过程中的各种问题。

3. 直观性原则

高校足球教学贯彻直观性原则需要注意以下几个方面的要求。

①明确教学目的和要求。直观性的教学一定要建立在清晰的教学目标和要求之上，为此，教师要深入研究教学元素，并在此基础上贯彻直观性教学的原则。

②应尽可能多地利用学生的多种感官，如视觉、听觉、触觉等，使学生了解足球技战术表象，如此有利于提高学生的学习积极性。

4. 循序渐进原则

高校足球教学的循序渐进原则要求按照从简到繁、从单一到组合的顺序组织教学。贯彻循序渐进的基本原则，应注意以下几个方面的要求。

（1）注意教学内容的系统性

高校足球的教学应根据基础大纲的要求进行，在经过逐级细化后，教师应按照教学进度和课时计划系统开展教学，如此才可以取得理想的教学效果。

（2）注意教学方法的系统性

学生足球运动技能的培养需要经过以下阶段：定向阶段—巩固提高阶段—熟

练阶段—自动化阶段等。他们在不同阶段的学习效能有所不同。为此，教师就要设计与选择合适的教学手段与方法，以实现预期的教学目标。

（3）合理安排运动负荷

合理的运动负荷安排是考量一名足球教师教学水平的重要标准之一。参与高校足球教学活动的学生与足球专业运动员有着本质上的不同，这主要表现在学生的身体素质方面。对于大多数没有运动训练经历的学生而言，教师在安排运动负荷时要遵循学生的身心发展规律，务必要对负荷有所掌控，不能一味地追求运动水平的提高而对学生的身心健康有所忽略。

5. 因材施教原则

教师在学校组织开展的各项足球活动面向的是全体学生，所以就会对学生提出一致性要求。但与此同时，还需要在了解学生个体情况的基础上做出一些针对性的教学指导，这是一种因材施教的理念，是尊重学生个体的表现。在高校足球教学过程中秉承因材施教的原则，具体应做好如下几点。

（1）从整体上把握

在高校足球教学活动中，教师做出的教学行为的总目标是使全体学生都能学到技能。为此，在制订教学计划之际，就应从整体上把握其中的所有教学要素，使之适合全体学生的发展。在此基础上，再依据学生的不同运动能力进行分组，对能力较强、基础较好的学生要为他们创造更好的进阶途径，而对那些基础和能力相对较差的学生，也要报以同样的热情指导其学习和进步。

（2）坚持从客观实际出发

要想在教学中秉承因材施教的原则，教师就需要了解每名学生的个体情况，其需要了解的重点内容为学生对足球的兴趣、初始运动技能、身体素质状况、学习能力等。这些信息是体育教师贯彻因材施教原则的关键所在。

（三）足球教学的设计

1. 足球教学设计的特点

足球课程以身体练习为主要手段，通过合理的、科学的体育锻炼，达到增强体质、增进健康和培养良好意志品质的目标。在进行课程设置时，应本着循序渐进、由易到难的原则，提高学生的参与度和兴趣。

（1）基础性

大学阶段是学生学习的重要阶段，也是学生学习足球的重要阶段。开展足球运动对于促进学生的成长、夯实我国足球运动发展的基础、推动学校体育的深入发展，都具有重要和深远的意义。教师在这一阶段应该让学生感悟足球文化，了解足球历史，掌握科学锻炼身体的基本方法，建立正确的足球运动观念，养成良好的足球运动习惯。

（2）趣味性

兴趣既是学生学习足球的诱因，也是坚持足球运动的动力。在课堂教学中，教师必须提高执教艺术，注意营造生动活泼的氛围，通过安排趣味性游戏、竞争性练习、小型比赛等，让学生想踢球、爱踢球、能踢球，激发学生主动参与的热情，增强学生的自信心，使学生在健康快乐的足球环境中接受足球文化的熏陶，体验足球乐趣，汲取足球营养。

（3）实践性

足球课程应该采取以学生实践活动为主的教学方式。通过形式多样的实践活动，让学生走进足球场，感悟足球运动，主动学习足球技能。

（4）竞技性

足球运动是一项以竞技为主的运动，双方在绝对公平、公正的前提下，进行良性的竞争。足球运动可以提高学生的比赛能力、团队配合能力，促使学生在比赛中养成良好的心态，失败时不气馁，成功时不骄躁，培养其积极向上和顽强拼搏的精神。

2. 足球教学设计的策略

（1）掌握学生的心理特点，抓住时机激发兴趣

高校足球运动具有激烈的对抗性、较强的技术性和较大的运动强度。足球比赛过程对参赛人员的心理素质、身体技巧、技术和体能都有较高的要求。在高校足球教学中，教师要掌握这一时期学生的心理特点，这是极为关键的。当代大学生具有较为复杂的心理变化，学生比较关注自我成长和自我教育，在集体活动中，大学生的自尊心和好奇心极为强烈，因此，教师在进行足球教学时，要牢牢抓住学生的心理特征。第一堂课以具有积极教育意义的足球运动技术理论讲授为主，借助学生的好胜心和好奇心，将学生主动学习足球技术的兴趣激发出来。在重复基础技术的练习过程中，教师要注重培养学生的足球兴趣，借助足球小游戏开展练习，使练习更具趣味性，使学生练习的效率提高。在高校足球训练的过程中实施游戏教学法有利于学生更好地掌握足球基本技能。

（2）合理搭配教学内容，调动学生的学习积极性

在设计足球技术教学内容时，教师应当遵循代表性、可行性、实用性和基础性的原则。教学内容应有利于学生的身心健康，并便于学生掌握足球专业技能。因此，在制订足球教学目标时，教师应当将发展学生的足球技术创造力作为重要的工作内容，同时考虑其健身性、娱乐性的特点。在高校足球教学中，教师不能仅传授足球理论知识或单一的技术动作，而应当积极开展足球比赛。通过实战对抗，学生可以巩固足球基础技术。这种教学方法将有助于学生在实践中更好地应用所学知识，提高他们的技能水平。

在设计足球教学内容上，教师还要全面考虑学生的运动水平，尽量不选择具有较大难度的足球动作，做到有的放矢，使各个能力层次的学生都能有所收获，这在很大程度上有利于提高学生自信心。教师在进行足球教学时，不能只把足球专业知识传授给学生，还要在足球教学内容中穿插一些体育人文知识，这不仅有利于拓宽学生的知识面，也有利于提高学生的学习兴趣。

（3）考虑变化学习场地

在足球教学中，学生练习场地的选择不宜固守在一个地方，为了避免学生在重复性的练习中产生厌倦感，可以举行各种大大小小的足球比赛。比赛之后教师可以组织学生一起交流经验，并且对学生的表现进行评估，讲评一下学生还有哪些地方需要改进。同学之间也可以进行交流沟通，谈谈彼此在足球学习上有怎样的心得。足球课在室外进行教学，所以很容易受到外界各种因素的影响，场地和器材就对足球教学有非常大的影响，所以改进器材、更换场地都可以在一定程度上避免学生的厌倦情绪，进而培养学生对足球的兴趣。场地和器材应该选择安全系数比较高的，这样可以防止学生在足球课上发生安全事故。

（4）积极拓展第二课堂

高校足球教学设计的开展应在一种宽松、愉悦的氛围中进行，教师在设计足球教学内容时应向学生传递足球学习的乐趣，使之一边玩，一边牢牢掌握足球技术，充分体现高校足球的娱乐性。高校体育教师的一项重要任务就是拓展第二课堂，并补充足球课堂教学的内容。

为了实现这一目标，可采取开展足球比赛的方式，通过比赛来提高学生的足球技巧，使之积累更多的经验，进而对课堂知识有一个更深入的理解。

（5）提升教师自身的教学水平，充分发挥示范作用

与普通的课程相比，高校足球体育运动更加注重技能性。在掌握相关足球知识的基础上，学生还需要能够正确、熟练地运用相关技能。这对教师的教学实践

能力和专业素养提出了更高的要求。教师需要不断提升自身的修养、素质以及足球操作技能，以便能够在学生遇到问题时给予及时的指导和正确的示范。同时，只有当学生具备了较高的足球技能时，他们才会对足球运动产生浓厚的兴趣，这将对他们日后的学习产生一定的积极影响。因此，教师在教学过程中应注重培养学生的足球技能，这不仅有助于提高他们的学习兴趣，对其日后的发展也具有重要意义。

二、足球科学训练

（一）足球运动基本技术

1. 传球

（1）脚内侧踢球技术

足球运动项目的练习者在传球开始之前，应该进行直线型助跑，在最后一步的时候，跨步要大。当支撑脚跨步向前进行支撑的时候，练习者的脚掌应该同地面之间保持一定的距离，同时保证落地支撑的积极、快速。当练习者的支撑脚落地的时候，先落地的应该是脚后跟。此外，练习者需要注意的是，应该适当弯曲支撑腿的膝关节，以保持身体重心的稳定。

（2）脚背内侧踢球技术

斜线助跑，助跑方向与出球方向约成 45 度角，助跑最后一步要大一些，一般应保持在本人跨一大步的距离较好。支撑脚落地时脚跟及脚掌的外侧沿先着地，然后过渡到全脚掌。支撑脚脚尖指向出球方向，膝关节微屈支撑身体重心，上体略向支撑脚一侧倾斜并稍侧转体（支撑脚一侧的肩部稍向前，踢球脚一侧的肩部稍向后）。支撑脚与球的位置以支撑脚脚尖与球的前沿保持平齐较好，左右距离以支撑脚的右侧沿与球的外侧沿保持 15～20 厘米较好（不同骨盆宽度的人可以适当调整支撑脚与球的左右距离，但一般不要超过 25 厘米）。在支撑脚着地的同时踢球腿以髋关节为轴，大腿带动小腿由后向前摆动（大小腿折叠要紧），当踢球腿膝关节摆至球的内侧垂直上方时，小腿做爆发式前摆（大小腿突然打开）并稍向外侧转，脚尖指向斜下方，脚背绷紧固定，以脚背内侧部位踢球的正中后部（踢高球时，可踢球的中下部）。踢球后身体重心随踢球腿的前摆向前移动。

（3）脚背正面踢球技术

直线助跑，最后一步要大一些，成跨步，支撑脚要积极跨步落地，脚后跟先着地形成滚动式着地支撑。支撑脚的内侧沿与球的外侧沿距离在 10～15 厘米，一般不应超过20厘米。前后距离以支撑脚的脚尖与球的前沿保持平齐为好，过前或过后都会影响踢球的效果。在支撑脚落地支撑的同时，踢球腿大腿带动小腿由后向前摆，在膝关节摆到球的垂直上方前的瞬间，大腿制动减速而小腿爆发式突然加速前摆，以脚背正向部位触踢球的正中后部位。踢球后自然向前跟出保持身体重心的平稳。

（4）脚背外侧踢球技术

踢平直球时，助跑、支撑位置与姿势、踢球腿的摆动基本与脚背正面踢球动作相同，只是用脚背外侧触踢球。在踢球腿的膝关节摆到球的垂直上方前的瞬间，小腿做爆发式前摆，小腿前摆时，脚尖向内转并向下指（踝关节内收并旋内），脚背绷紧，脚趾扣紧，以脚背外侧部位触击球的正中后部。踢球后身体随球向前自然移动，保持身体平衡。

2. 接球

此处是关于足球运动接球技术的说明，主要以脚背正面接空中球技术为例。支撑腿屈膝稳定支撑身体重心，支撑位置一般在球的侧后方。接球腿屈膝抬脚踝，关节保持适当紧张，以脚背正面正对来球，在球下落触到脚背前的瞬间接球，脚向下回撤，将球在下撤过程中接在已控制范围之内和下一个动作需要衔接的位置上，并快速完成下一个连接动作。

另一种方法是接球脚基本不向上抬起，而是脚背向上勾起，踝关节保持中度紧张，在接近地面高度5~10厘米处触球，通过球下落的冲击力将勾起的接球脚脚背砸下去从而缓冲球的力量，将球接控在自己下一个动作需要控制的范围之内，并快速完成下一个连接动作。

3. 运球

（1）脚内侧运球技术

在足球运动的运球技术中，最慢的一种就是脚内侧运球。所谓的脚内侧运球，主要是指在需要练习者身体对球进行掩护的一些死角区域或者边线附近使用的足球运动项目运球方法。为了使对方队员不能抢走球，练习者应该通过侧身转体的姿势将对方的防守队员挤靠住。此外，一般来讲，"之"字形的运球路线是通过脚内侧来完成的。

足球运动项目练习者在脚内侧运球的过程中，稍微向前跨出支撑脚，在球的前侧方踏住，弯曲膝关节，前倾上体，做出侧身运球的状态，即向运球脚的一侧转体，提起运球脚，使用脚内侧部位对球的后中部进行推拨。

（2）脚背内侧运球技术

足球运动项目练习者在跑动的过程中，需要自然放松自己的身体，减小步幅，前倾上体，同时微微朝着运球的方向转动。练习者提起运球脚的时候，要稍微弯曲膝关节，提起脚跟，稍微向外转脚尖，在迈步向前的时候通过脚背内侧向前推拨球。在改变球的方向的时候，常常会使用脚背内侧运球技术。通常来讲，运球的过程中经常会走出"之"字形路线。

（3）脚背正面运球技术

足球运动项目练习者在跑动的过程中，需要自然放松自己的身体，减小步幅，前倾上身。当练习者提起运球脚的时候，要弯曲膝关节，提起脚后跟，脚尖稍微向下指，在迈步向前的时候通过脚背正面部位对球的后中部向前推拨。

足球运动项目中脚背正面运球技术的适用情况：在快速跑动的过程中，由于前方存在较大纵深距离而必须进行突破或者快速运球。

（二）足球运动科学训练

1. 足球运动训练方法

（1）重复训练法

重复训练是指根据固定不变的动作结构和负荷量重复进行训练，形成固定的条件反射，从而使技术动作定型的训练方法。重复训练法对于足球运动员掌握与提高足球技战术、全面提高身心素质具有重要作用。

运用重复训练法需注意如下要点。

①在体能训练中以简单实用的训练方法为主，视具体情况安排训练负荷强度、重复次数、练习数量、休息时间，逐渐增加负荷强度、重复次数和练习次数。

②在技术训练中严格根据足球技术标准组织规范性训练，保证一定的重复次数，逐渐提高训练量和训练强度。

③灵活设计与运用能够提高运动员训练兴趣与积极性的训练方法，如游戏、比赛等。

（2）变换训练法

变换训练法是一种通过改变训练中的训练要素来提高足球运动员对比赛的适应能力的训练方法。具体而言，通过改变训练负荷，如增加或降低训练强度、增加或减少训练时间等，可以使运动员适应不同的比赛场景和比赛节奏。与此同时，通过改变训练方式，如加入多样化的器械训练、引入不同的战术演练等，可以提供更多的训练刺激，使运动员适应不同的比赛情境和技术要求。此外，改变训练环境条件，如在不同的气候条件下进行训练，也可以提高运动员的适应能力。

运用变换训练法需注意如下要点。

①明确变换训练的目的，按照目标进行有针对性的变换训练。

②变换训练条件时，考虑变换后是否能对足球运动员技术的巩固和体能的发展产生积极影响。

③在技术训练中，采用变换训练方法达到目的后迅速恢复正常训练。

④随着足球运动员训练水平的提高，逐步增加训练量和训练强度。

（3）循环训练法

循环训练法指的是在训练前设立几个不同的训练点，运动员根据既定顺序依次完成每个训练点的训练任务，直至完成各个点上的训练，完整完成一次循环的方法。循环训练法可有效提高不同层次运动员的训练积极性，所以在足球训练中经常被采用，具体运用中需注意以下几个要点。

①按照训练目标确定训练的内容和数量。

②按照不同特点，区别对待，确定负荷。

③变换循环练习的形式。

（4）间歇训练法

间歇训练法指的是在足球训练中规定训练的间歇时间，使运动员机体在不完全恢复状态下反复训练的方法。该方法有助于足球运动员心脏功能的提高和有氧代谢供能能力的提升。

运用间歇训练法需注意如下要点。

①按照足球训练任务安排间歇训练方案。

②确定一个间歇训练方案后，经过一段时间的训练，当运动员逐渐适应后，再根据训练任务对训练方法进行调整。

③在间歇阶段要采取积极的休息方式，做轻微的活动，促进血液循环和机体恢复。

（5）持续训练法

持续训练法指的是在足球训练中，为了保持有价值的负荷量而不间断地连续进行训练的方法。该方法可以有效提高有氧代谢能力和耐力素质。

运用持续训练法需注意如下几点。

①训练强度不应太大，心率控制在130～160次/分钟为宜，运动强度恒定。

②在训练期或休整期以中低强度为主。

（6）竞赛训练法

竞赛训练法指的是通过各种竞赛方式（身体素质竞赛、游戏性竞赛、训练性竞赛、适应性竞赛、测验性竞赛等）组织足球运动员进行训练的方法。该方法可以有效提高运动员对技战术的运用能力，提高运动员的实战和应变能力。

运用竞赛训练法需注意以下两个要点。

①在恰当的时机组织竞赛，明确竞赛规则。

②在竞赛中安排适宜的负荷。

（7）综合训练法

在足球训练中，按照训练目标、任务和需要，把上述各种训练方法组合起来设计训练方案，并实施该方案的方法就是综合训练法。综合训练法可以全面提高运动员的身体素质，增强运动员的技能和比赛能力，使他们不易早早感到疲劳。需要注意的是，并非运用的训练方法越多训练效果越好，教练员要按照训练任务、训练目的、训练内容、训练环境与条件及足球运动员的自身条件选择几种训练方法来组合搭配，充分运用不同方法的优势来实现最佳训练效果[1]。

2. 足球运动训练内容

（1）力量训练

①速度力量。练习强度为 75%～90%；练习时间为 5～10 秒；间歇以完全恢复为宜；重复次数为 4～6 次；练习组数为 3～4 组。

②力量耐力。练习强度为 60%～70%；练习时间以 15～45 秒为宜；间歇要求心率恢复到 120 次 / 分钟左右；重复次数为 20～30 次；练习组数为 3～5 组。

（2）速度训练

速度训练的运动负荷要求：练习强度以 95%～100% 为宜；练习时间以 3～10 秒为宜；间歇时间视训练目的而定，可完全恢复或不完全恢复；练习重复次数为 6～8 次；练习组数为 3～5 组。

（3）专项耐力训练

①有氧耐力训练。有氧耐力训练分为小强度间歇法和持续训练法两种。小强度间歇法要求：练习强度以 150 次 / 分钟为宜；练习时间为 30～40 秒；间歇要求不完全恢复，以脉搏恢复到 120 次 / 分钟为宜；练习次数为 8～40 次；练习组数为 1 组即可。持续训练法要求：练习强度为 40%～60%；练习时间在 25 分钟以上；距离为 5000～10000 米。

---

[1] 刘丹，赵刚. 青少年足球训练纲要与教法指导 [M]. 北京：人民体育出版社，2011.

②无氧耐力训练。无氧耐力训练常采用间歇法训练。无氧耐力训练要求：练习强度为80%～90%，脉搏为180～200次/分钟；练习时间为12～20秒；间歇要求不完全恢复，脉搏一般在120次/分钟左右；练习次数为12～40次；练习组数为1～2组。

③拉伸大腿后部肌肉。坐在地上，将要拉伸的腿在体前伸直，弯曲另一条腿，整条腿的外侧贴近地面，与伸直的腿组成三角形，背部挺直，从胯部尽量向前屈，双手抓住伸直腿的脚尖，保持该姿势20分钟，手触脚尖时不允许有弹动式动作（触不到脚尖也没关系）。

拉伸大腿内侧肌肉方法一：坐姿，双脚脚底相互贴近，膝盖向外撑，并尽量贴近地面，双手抓住脚踝，保持该姿势，从1数到10，放松，然后重复3次。

拉伸大腿内侧肌肉方法二：坐姿，双脚在体前伸直并分开，保持背部和膝盖部挺直，从胯部向前屈体，双手从腿内侧去抓住双脚的脚踝，并保持该姿势，感觉大腿内侧被拉紧，放松，然后重复。

④拉伸小腿（后部）肌肉。俯身，用双臂和一条腿（伸直，脚尖着地）支撑身体，另一条腿屈于体前放松，身体重心集中于支撑脚的脚尖处，脚跟向后、向下用力，感觉到小腿后部肌肉被拉紧，保持紧张状态，从1数到10，放松，重复3次，然后换另一条腿做3次。

⑤拉伸肩部肌肉。仰卧，抬起一条腿，抓住大腿靠近膝盖一端，用力拉向胸部，保持另一条腿伸直并贴近地面，头部也不能离开地面，保持该姿势，从1数到10，重复3次，并换腿。拉伸肩部肌肉主要有以下三种方法。

方法一：用一只手从外、后侧抓住对侧手臂肘部，拉向被抓手臂的对侧，保持该姿势，从1数到10，重复3次，然后向另一侧肩部进行拉伸。

方法二：双手手指在头顶交叉互握，掌心朝上，双臂向上、向后伸展，保持15秒。

方法三：一只手臂向上伸直，然后前臂向脑后弯曲，放松，用对侧手从脑后抓住其肘部，向其对侧缓慢拉动，保持15秒。

第二节　篮球教学与科学训练

一、篮球教学

（一）篮球教学的原则

篮球教学是教师组织学生进行篮球运动实践的特殊的教育认知过程。篮球教学原则反映了篮球教学的一般规律，反映了篮球运动教学的特点，是人们从长期的篮球教学实践中总结出来的。篮球教学过程的实施有利于对学生开展全面的素质教育，使学生更深入地了解篮球运动的相关知识，掌握篮球运动的方法和技能，进而把篮球运动作为终身体育锻炼、增进健康的方法手段。

1. 自觉积极性原则

所谓自觉积极性原则是指在教学过程中，教师通过各种措施，激发学生自觉学习篮球运动知识的欲望，从而发挥学生主动性和创造性的原则。教学中贯彻自觉积极性原则，是由"教"与"学"的双边活动中学生是学习的主体这一因素决定的，目的是要充分调动学生的学习主动性，引导他们积极思考，勇于探索，刻苦练习，自觉地掌握篮球理论和篮球技术、战术，提高他们观察问题、分析问题和解决问题的能力。

在篮球教学实践中，教师要运用设疑、联想、比较、形象等方法，启发学生动脑思考，以提高学生的运动能力和思维能力。教师要根据教学任务和具体条件，严密组织整个教学流程，科学地安排各种技能的学习顺序，使学生充分理解每个技战术的要领、用途、运用时机等，提高学生学习的积极性。

2. 专门性知觉优先发展原则

专门性，顾名思义就是为了某件事而特意做的某种动作或准备；知觉是直接作用于感觉器官的事物的整体在大脑中的反映，是人对感觉信息的组织和解释的过程。而篮球运动中的专门性知觉发展过程主要是对环境和器材的感知，其中手指、手腕对球的掌控能力是专门性知觉优先发展的重要因素，在篮球教学活动中发挥着重要作用。同时，在教学过程中为了保障技术动作的学习，还需要使用大量的、熟悉的"球性"练习来优先发展专门性。综上所述，专门性知觉优先发展的原则是极具现实意义的，并且需要严格执行。

3. 技术个体化和区别对待原则

虽然说规范性的技术动作是篮球教学追求的目标，但是由于每个人都是独立的个体，不可能做到做什么都一模一样。学生是篮球教学的主体，他们的身体素质、行为习惯、对篮球的了解以及篮球方面的经验都存在差异，所以想要实现"绝对的技术规范化"是很难的。篮球的教学目的就是让初学者通过不断练习形成符合自身条件的动作和行为，所以篮球教学要在遵循规范化的基础上接受学生的个体化，接受学生之间存在技术动作上的细微区别。与此同时，还要以学生的具体情况为基础有针对性地进行教学，而且要掌控学习进度，将贯彻区别对待原则实行得更好。

（二）篮球教学的设计

1. 篮球教学模式的设计

（1）小群体教学模式

小群体教学模式是传统教学模式中常用的一种。这一教学模式将学生进行一定的分组，并在体育教师的指导下，同组成员之间、小集团与小集团之间通过互动、互助、互争，提高自身学习的主动性，从而提高教学效率。在篮球教学中，这一模式得到了很好的运用。

（2）发现式教学模式

发现式教学模式指的是通过体育教师的指导，学生能够独立地发现并研究问题，从而可以更加深刻地掌握相关原理和知识的一种教学模式。

在具体的教学中，学生在体育教师的指导下进行各种技术动作的练习，在自练的过程中边做动作边思考，观察自己所做的技术动作中是否存在不规范和不正确的现象。教师也可以在旁边加以辅导和提示，帮助学生建立正确的动作表象，形成正确的动作定型，从而准确地完成技术动作。

（3）主动性教学模式

体育教学发展到现在，"以人为本"的教学理念得到了充分的利用。在整个篮球教学活动中，学生是最为重要的主体，主动性教学模式就是建立在学生这一主体基础之上的。主动性教学模式能更好地引导学生通过思考、体验来学会交流和合作，从而进一步发展自身的社会技能、社会情感，以及创造能力。

在具体的篮球教学实践中，主动性教学模式的运用，能很好地激发学生学习篮球的积极性，潜移默化地对学生产生积极的影响，这一模式对于篮球教学质量的提高具有重要的意义和作用。

2. 篮球教学方法的设计

（1）发现教学法设计

发现教学法具有引导学生独立思考、自行探索、自行实践等特征。这种教学方法有助于将学生的学习热情激发出来，让其主动发现、探索和思考，促进其快速掌握知识与技能，并养成积极探索的精神。在高校篮球教学中采用发现教学法时，要依据学生的实际情况与认知规律实施。

（2）因材施教教学法设计

在高校篮球教学中，教师要以每个学生的个性特征为依据来因材施教，具体方法就是进行分层教学、分级评价等。这样才能使每个学生都能在自己原有的基础上取得进步。

（3）循序渐进教学法设计

高校篮球教学工作繁重而复杂，教师要在遵循人体机能适应规律、生理活动变化规律、心理发展规律及篮球运动内在规律等基础上对教学方法进行设计和选择，以便更好地完成教学任务。在篮球教学初期，以较为简单的教学方法为主，循序渐进地展开教学，同时严格把握好质量关。随着教学的深入，需要及时调整原来的教学方法或重新设计新的教学方法，以保证教学的连续性和实效性。

（4）互动教学法设计

师生互动有利于提高教学效率，提升课堂效果。在高校篮球教学中，播放视频的课堂互动方式是比较有效的，在学生观看视频后提出问题，共同讨论，或者也可以采用图解这种课堂互动方式，因为这种方式更为直观，有助于学生对所学内容有一个更好的理解。

二、篮球科学训练

（一）篮球运动基本技术

1. 移动

（1）起动

篮球运动项目开展过程中的起动，主要是指在球场中练习的一种动作，即从静止状态向运动状态转变。

在篮球运动项目开展过程中，起动的动作要领在于在动作开始前降低重心，前倾上体，双侧手臂的肘部弯曲，在体侧自然垂直，后脚或者异侧脚的前脚掌的踏地动作要有力，伴随手臂快速摆动的动作进行起动。

起动中比较容易出现的错误是没有及时地移动重心，后脚的前脚掌或者是异侧脚没有做出充分的踏地动作，两只脚存在较大的步幅。

纠正对篮球运动中起动常见的错误的有效方法：踏地时快速用力，前倾上体前突然地摆动手臂起动，最开始的两步或者三步应该快速且步幅要小。

（2）跑

在篮球运动项目开展的过程中，跑作为一种脚步动作，目的在于争取时间促进攻守任务的完成。一般来讲，在篮球运动项目的比赛活动中，主要有以下几种常见形式的跑。

①变向跑。当方向的改变是由右边向左边的时候，最后一步应该通过右脚的前脚掌内侧做用力踏地的动作，同时还要稍微内扣脚尖，迅速屈膝，之后向左转腰部，向左前方前倾上体；移动重心，向左前方跨出左脚，之后再快速地前进。

②变速跑。在篮球运动项目开展的过程中，跑动时通过改变速度来促进攻守任务完成的方法就是变速跑。练习者从慢跑向快跑转变的时候，应前倾上体，短促有力地用前脚掌向后踏地，同时要迅速摆动手臂，使跑的频率加快。当练习者从快速跑向慢速跑转变的时候，需要抬起上体，加大步幅，用前脚掌同地面接触，使冲力得到减缓，进而使跑步的速度得到降低。

③后退跑。在篮球运动项目开展的过程中，当练习者做后退跑动作的时候需要交替地使用双脚的前脚掌踏地且向后跑动，同时，还要挺直、放松上体，双侧手臂的肘部弯曲，同摆动相配合，使身体保持平衡，两只眼睛平视，对场上的情况进行观察。

④侧身跑。在篮球运动项目中，侧身跑的关键在于当练习者跑向前方的时候脚尖对准跑动的方向，同时将头部与上体向着球所在的方向转动，以便于对场上的情况进行观察。

（3）滑步

在篮球运动项目的防守移动中使用频率比较高的一种步法就是滑步。滑步对练习者身体平衡的保持是非常有利的，使其能够向任何一个方向移动。对滑步而言，一般可以将其分成三种类别，即前滑步、后滑步、侧滑步，其中侧滑步也就是横滑步。

（4）急停

急停是队员在运动中突然停止的一种脚步动作，分跳步急停和跨步急停两种。

①跳步急停。在篮球运动项目的慢速移动与中速移动中，练习者的起跳可能会使用单脚，也可能会使用双脚，同时会稍微后仰上体，两只脚要同时落向地面。

在双脚落地的时候保持两腿膝盖的弯曲状态，且双手手臂肘部弯曲，向外张开，使身体保持平衡。

②跨步急停。在篮球运动项目开展的过程中，如果快速移动的时候练习者需要急停，那么就需要向前跨一大步，后仰上体，后移重心，一定要让脚跟先落地，然后用全脚掌抵住地面过渡，快速地弯曲膝盖。当双脚落地以后，稍微向内转脚尖，前脚掌内侧做出踏地动作，弯曲双腿的膝盖，使上体向旁侧稍微转动，同时向前微倾，重心保持在双脚之间，双侧手臂的肘部弯曲，自然打开，使身体保持平衡。

（5）转身

转身作为一种篮球运动项目中的脚步动作，是指将练习者的一只脚作为中轴，同时用另外一只脚用力踏地，旋转身体，进而使练习者的身体方向得到改变。在转身动作完成的过程中，身体重心向中枢脚转移，将脚提起，将前脚作为中轴，用力向下碾地的同时，移动脚步使劲踏地，随着移动脚的转动，上体也要转动。需要注意的是，身体重心不能上下起伏，其转动需要沿着一个水平面。当练习者的转身动作完成以后，使自身身体保持平衡，以促进同下一个动作的衔接。

通常来讲，转身分成两种，即前转身与后转身。所谓的前转身，主要指的是移动脚跨步转向中枢脚前方，进而使练习者的身体方向得到改变；而所谓的后转身，主要指的是移动脚撤步转向中枢脚，进而使练习者的身体方向得到改变。

2. 传（接）球

在篮球运动项目中，比较重要的基本进攻技术之一就是传（接）球技术。通常只有经过多次及时、准确地传（接）球才能够实现一次成功的进攻。

（1）双手胸前传球

双手胸前传球是比赛中最基本、最常用的传球方法，用这种方法传出的球快速有力，可在不同方向、不同距离中使用，而且便于和投篮、突破等动作结合使用。双手持球的方法是两手手指自然分开，拇指相对成"八"字形，用指根以上部位持球，空出手心。

（2）单手肩上传球

单手肩上传球是单手传球中一种最基本的方法。这种传球力量大，速度快，常用于中、远距离传球。

3. 投篮

投篮是进攻队员为将球投向球篮而采用的各种专门动作的总称。

（1）原地单手肩上投篮

原地单手肩上投篮是现代篮球比赛中应用比较广泛的一种投篮方法。

（2）行进间单手肩上投篮

行进间单手肩上投篮是在比赛中切入篮下的一种投篮方法。

（3）行进间单手低手投篮

行进间单手低手投篮是在快速跑动中超越或在空中探身超越对手后的一种投篮方法。

（4）急停跳起单手肩上投篮

急停跳起单手肩上投篮是一种具有突然性的投篮方法。球的出手点高，不易被防守。

动作要领：以右手投篮为例。应快速向篮下运动，突然利用跳步或跨步急停起跳，同时两手持球上举；当身体达到或接近最高点时，右臂向前上方伸直，手腕前屈，用食指和中指拨球，通过指端将球投出。

4. 运球

运球是进攻技术中重要的基本技术，是组织全队进攻和突破防守的手段。

5. 防守技术

防守技术是篮球比赛中非常重要的技能，它决定了一个球队在防守端的能力和效果。合理地运用脚步移动和手臂动作，积极地抢占有利位置，阻挠和破坏对手的进攻动作，并争夺控球权，是防守的核心任务。

首先，脚步移动是防守的基础。防守队员需要根据对手的位置和动作，灵活地调整自己的脚步，快速移动到合适的位置，有效地限制对手的活动空间。在防守时，要注意保持身体平衡，不要过于靠前或靠后，以免被对手轻易晃过。

其次，手臂动作在防守中起到重要的作用。队员需要灵活运用手臂，通过挡拆、拍打等动作来干扰对手的传球和投篮动作。手臂正确地发力并配合手部动作，可以有效地限制对手的进攻选项，增加抢断和阻断的机会。同时，防守姿势也是防守技术中的关键要素。防守姿势应该保持低位，膝盖微曲，身体稍微前倾，以便更快地做出反应和移动。同时，眼睛应时刻注视着对手和球，保持注意力高度集中，以便及时做出正确的判断和决策。

最后，抢断和打断球技术是防守中的重要手段。队员需要在恰当的时机果断地抢断对手的控球，或者用手臂干扰和打断对手的传球动作。这需要队员具备快速反应和准确判断的能力，同时还要具备一定的技术娴熟度。

6. 抢篮板球

在篮球运动项目开展的过程中，双方攻守时的争夺焦点就是篮板球，同时，它也直接决定了攻守的转换，可以说获得球权的主要途径就是对篮板球的抢夺。在所有的篮球运动项目比赛活动中，投篮命中率与抢夺篮板球次数相比较，后者比前者更加容易影响到比赛的最终输赢。

因此，在现代篮球比赛中，篮板球成为决定比赛胜负的关键因素之一。抢夺篮板球不仅代表着个人和全队的实力，更是获得控球权的关键。如果能够抢到进攻篮板球，就可以增加进攻次数和在篮下得分的机会，提升队员的士气和信心。而抢夺与防守篮板球则可以控制球权，创造更多的快攻反击机会，同时会对进攻队员的投篮产生巨大的心理压力。因此，教练员通常会高度重视队员抢篮板球能力的训练和提高。

（二）篮球运动科学训练

篮球运动训练理论是一种专项理论，旨在研究运动训练过程的规律、原则和方法，以发展学生的竞技能力，提高其专项运动成绩。篮球运动训练的最终目的是促进身体形态、机能的协调发展，提高学生的综合素质和运动技术水平，从而在比赛中创造出优异的运动成绩。篮球训练的内容及组织形式众多，但是都必须紧紧围绕篮球运动的规律、特点来组织实施，并且随着现代篮球运动的快速发展，这些也都正在发生着深刻的变化，需要我们在实践中不断探索和发展。

1. 篮球运动训练任务

篮球运动训练的主要任务如下。

第一，让学生学习篮球运动的专项基本知识，丰富其基本技术和基础战术，并通过不断的训练和比赛实践提高学员运用技战术的能力。

第二，培养学生参与体育锻炼活动的意识，从而提升他们的身体健康水平，改善其身体形态，提升一般和专项运动素质。

第三，充分发挥教育的功能，对运动生进行思想政治教育，培养他们高尚的道德情操、优良的体育作风和顽强的拼搏精神。

第四，努力培养篮球运动生，使其具有良好的心理品质。

第五，培养运动生合理运用技术的意识，提高其运用的效率，逐步形成技术特长。

篮球训练任务的完成，是教师与学生共同努力的结果。上述训练任务相互之间是紧密联系的，必须在训练过程中全面贯彻和执行，只有这样，才能有效地实现训练的目的。当然,就训练的全过程来说,这些任务不可有所偏废,但对于不同层次的运动生来说,由于他们所承担的具体任务不同,个体间又有很大的差异,因此在执行上述任务时就应有不同的侧重。在训练过程中,要求教师作为教练员要充分发挥主导作用,尽可能地调动学生(运动生)的训练积极性,从基础训练出发,坚持训练的科学性、计划性和系统性原则,并且不断改进训练方法,努力提高训练质量。

2. 篮球运动训练内容

(1) 身体素质训练

在高校篮球运动中,技术战术的掌握和运用都以身体素质为基础。因此,身体素质对技术战术水平的发挥有直接的影响。身体素质的训练是提高和保持运动成绩的基础。这种训练主要是为了发展速度、力量、耐力、柔韧性和灵敏度等运动素质,并提高运动生的协调能力。一般来讲,无论运动生的层次和水平如何,身体素质训练都是一项至关重要的内容。

①力量训练。力量是各项身体素质的基础,也是篮球运动非常重要的身体素质之一。力量训练的着眼点应放在发展运动生的爆发力量上。训练中应注意练习的次数、负重量、组数以及间隔时间。训练时还要特别注意肌肉的放松,从而提高肌肉的弹性,以利于更好地发展肌肉的力量。

②耐力训练。篮球运动项目的特点要求运动生具备良好的耐力。篮球运动生要想在比赛中始终保持高速度的奔跑能力,就必须加强耐力训练,提高对抗疲劳的能力,以便有充沛的体力完成比赛。耐力训练过程中要在一般耐力的基础上加强速度耐力训练,使呼吸系统和心血管系统的机能得到发展,为其他几种身体素质的发展提供物质基础。

③速度训练。从篮球运动的特点和发展趋势来看,速度是重要素质之一。速度训练包括移动速度训练、反应速度训练和动作速度训练三个部分。速度的表现程度取决于人体中枢神经系统的灵活程度。因此,速度训练要与身体素质的全面发展同步进行,在进行速度训练时,应注重突然起动的速度训练和短距离冲刺的速度训练。

④灵敏性训练。灵敏性素质是人体综合能力的表现。在篮球比赛中,要想使动作快速、熟练、准确,同时能在瞬息万变的情况下,及时巧妙地做出相应的动作及相应的技术变化,就必须具有良好的灵敏性素质。灵敏性取决于人的大脑皮层神经系统的灵活程度以及人体速度、爆发力等其他素质的发展。灵敏性训练能

使运动生在各种复杂的条件下做出相应的迅速、准确、协调的动作。在发展灵敏性素质时，动作要快速、准确，尽量有比赛的性质，这样才能提高运动生的积极性。

⑤弹跳力训练。篮球运动中，弹跳能力是争夺制空权的关键因素。弹跳素质与爆发力、无氧代谢能力及全身的协调能力紧密相关，因此它是篮球运动生非常重要的身体素质之一。要提高弹跳力，首先需要在发展力量的基础上注重腿部力量的训练，这是发展弹跳力的基础。此外，还需要提高弹速并改善弹跳的协调性。在训练中，应结合篮球技术、战术的特点，注重全身的协调配合，加强掌握起跳时机的训练，提高判断能力和起跳速度。考虑到篮球比赛中行进间单脚起跳的应用最为广泛，因此选用助跑单脚跳摸高作为反映运动生弹跳素质的指标是较为适宜的。

（2）思想政治教育、文化教育和技能教育

篮球运动生的教育主要有三个方面：第一，思想政治教育，即培养良好的比赛作风；第二，文化教育，即提高文化和智力水平；第三，技能教育，即提高竞技能力。这些教育直接关系到一个球队风格特点的发展方向，也直接关系到每个运动生的人格养成和训练任务的顺利完成。因此，教练员应要求运动生在训练中不怕苦、不怕累、不怕困难，练出过硬的本领。同时对运动生的教育必须渗透到训练实践中去，贯穿于训练过程的始终。

（3）技术训练

一般情况下，技术训练包括基本功和常用基本技术训练。基本功包括手部动作、脚部动作、腰胯动作、观察能力、篮球意识等。而篮球技术训练主要由移动、传球、接球、运球、投篮等技术动作组成。掌握合理的技术动作是经济有效地发挥运动素质，达到高水平运动成绩的重要保证。在篮球运动项目中，动作技术复杂多样，难度较大，协调性要求较高，技术训练更占有较大的比例。因此，篮球运动生对技术的熟练程度，以及在比赛中对技术的运用，会给运动成绩造成很大的影响。所以，在篮球训练的任何一个时期与阶段，篮球技术训练是不可缺少的主要内容。

（4）心理训练

心理训练主要是为了培养运动生良好的心理品质。篮球运动的心理训练是一个过程，即根据篮球运动的规律和特点，有目的、有计划地影响运动生的心理过程和个性特征的心理过程，也是采用特殊的方法和手段使篮球运动生学会调节、控制自己的心理状态进而对自己的运动行为进行调节和控制的过程。

篮球运动的心理训练旨在培养运动员良好的心理品质，以帮助他们更好地应对比赛的压力和挑战。其中，专项心理训练是非常重要的一部分，也是现代化训练的关键内容。专项心理训练依据篮球运动的特点和竞赛的需求，通过影响运动员的心理过程和个性特质，使他们在极度紧张的比赛条件下能够保持良好的情绪状态，并具备自我调节的能力，以发挥出自己的最佳水平。在进行心理训练时，常用的方法包括模拟情景训练、自我暗示训练、集中注意力训练和放松训练等。对于教练员来说，在安排心理训练时需要根据全队实际情况和需求，选择合适的方法，确保训练的科学性和实用性。

（5）战术训练

在篮球运动项目中，战术训练显得更为重要，战术训练要从战术意识的养成做起。首先，战术训练要在个人战术意识形成的基础上，确立一套适合本队的攻防战术体系，并逐步渗透到战术训练的各个环节中，不断地加以完善。其次，要在掌握攻防战术基础配合的基础上，重点训练人盯人防守和快攻两种战术，要求在快中求准、在狠中求活、在稳中求变，逐步形成符合本队实际的具有鲜明特点的攻防战术体系。最后，战术训练要与身体、技术、心理、智力等训练有机结合，并通过实践逐步提高战术运用质量。因为在实力相当的比赛中，胜负在很大程度上取决于战术的优选和运用。在赛前的专门准备阶段，战术训练是很重要的一项内容。

3. 篮球运动训练方法

（1）重复训练法

重复练习法是一种经常在运动训练中采用的练习方法。它是指通过反复多次地练习某一技能或动作，以加深对该技能或动作的理解。重复训练法是指在相对固定的条件下，教练员为有效地巩固提高运动生的机体机能和技战术动作质量，按照一定的要求反复进行同一动作的一种练习方法。重复训练法主要包括四个因素：①重复训练的次数和组数；②每次练习的强度；③每组重复练习的距离和时间；④每次练习之间的间歇时间。

（2）比赛训练法

比赛训练法是通过比赛的方式进行训练的方法。这种训练方法是在接近比赛的条件下运用所学技战术动作，增强篮球意识、提高篮球运动素养的一种练习方法。运动生技战术动作的练习是通过比赛实践来进行的，任何技战术动作练习的成功与否都必须通过比赛来检验。通过比赛积累经验，既是篮球运动训练的必经之路，也是促进运动生迅速成长的重要环节。

（3）间歇训练法

间歇训练法的特点是在一次练习后，严格控制间歇时间，在机体未完全恢复的情况下，进行下一次练习。这种方法与重复训练法在形式上相似，都需要经过一定的间歇时间后再进行下一次练习。但间歇训练法每次重复练习之间的间歇时间有严格的规定，要在运动员的机体未完全恢复的状态下进行下一次训练。而重复训练法则要求在间歇时间内，让运动员的机体基本恢复后再开始下一次训练，这是两种训练方法之间的关键区别。间歇训练每次重复练习的距离或负重量可以有一定的变化，但不应太大。而重复训练的距离或负重量相对固定。

间歇训练法的构成因素主要包括以下五个方面。

①每次练习的时间和距离，即每次进行练习的时间长度或距离长度，这取决于训练的目的和个体的特点。

②每次练习的负荷强度。负荷强度指的是练习时所承受的负重大小，可以根据训练者的水平和目标来调整负荷强度。

③每次重复的次数和组数。重复次数和组数是指在一次间歇训练中，需要进行多少次重复练习，以及重复练习的组数。这取决于个体的适应能力和训练目标。

④每次（组）练习的间歇时间。间歇时间是指在每次或每组练习之间的休息时间，这个时间的长短会直接影响到训练效果。

⑤间歇时休息的方式。间歇时的休息方式有很多种，可以是完全静止休息，也可以是进行轻松活动或拉伸放松等。根据个体的需要和情况，选择适当的休息方式。

第三节　排球教学与科学训练

一、排球教学

（一）排球教学的问题

1. 教学目标不准确

当前，我国学校排球教学普遍存在教学目标过高的问题，另外还过于侧重技术的提高，不注重学生综合素质的发展。由于过度追求技术的精确，忽视学生的身体素质和心理特征，许多高难度技术令学生可望而不可即。在排球教学中，学生很难体会到排球运动带来的快乐感和成就感，极大地影响了学校排球运动的发展。

2. 课程设置有所欠缺

高校排球教学课程的设置有一定的讲究，如果设置不合理，就会对高校排球教学的质量和效果产生影响。在当前的高校排球教学中，排球实践课的比重最大，大多是排球技术动作的教学，缺乏排球理论课的教学。在这样的情况下，高校排球教学的质量就难以得到保障。

在我国高校体育教育中，大部分学校的排球任课教师还没有充分认识到课余训练指导的重要性，排球教学还仅限于课堂传授，课余排球训练是比较缺乏的。

3. 学生参与程度不高

受多种因素的影响，学生参与排球运动的积极性不高，其原因主要表现在以下几方面。

①受各种因素的影响，学生接触排球运动的时间一般都比较晚、参与时间也较短、参与频率不固定，这直接影响到排球课程的建设与发展。

②总体来看，大部分学生的排球基础水平普遍较低，而掌握排球技术需要一个漫长的过程，所以学生的积极性普遍不高。

③排球教学方法缺乏创新，课堂气氛不活跃，导致学生学习排球运动的兴趣较低。

④学校领导不够重视排球运动教学，对排球教学的投入力度不够。

（二）排球教学的原则

高校排球教学原则是在科学分析排球的教学过程及与之相联系的各种因素的基础上建立起来的。在这个过程中，需要对以运动技能学习为主并与思维活动相结合的认知过程、排球教学目标、排球教学内容、排球教学手段进行再认识。

1. 兴趣主导原则

没有运动兴趣，学生就不可能积极主动参与到排球运动中去，也不可能在排球教学活动中配合老师完成各种教学任务。所以，高校排球运动教学，应注重引导学生的兴趣，鼓励学生积极主动地参与到排球运动学练中。

高校排球运动教学实践中的兴趣主导原则具有以下要求。

①重视学生正确的排球运动参与态度和体育价值观的培养。

②满足学生的合理需要。关心学生，尊重学生，满足学生学习排球的各方面

需求，重视教学安全，打消学生顾虑。

③采取丰富多样的教学方法，激发学生参与排球学练的兴趣，重视对学生的排球学练积极性的调动。

④培养学生的独立思考能力、创造能力和自我调控的能力。

⑤教师应做好表率，做好榜样，潜移默化地影响学生，使其主动参与排球运动学练。

2. 直观教学原则

排球自身的特点决定了在高校排球教学中应重视直观教学。教师对排球技术动作的示范要做到直观，以真实的方式将排球技术动作的原本"影像"传授给学生，便于学生观察、模仿、学习。

高校排球教学实践中，遵循直观教学原则应注意以下几点。

①明确教学目的。按照具体的排球教学目标，选择合理的排球教学内容、教学手段和方法。

②明确教学要求。结合排球教学的要求，针对不同水平的学生采取不同的教学方法与手段，采用动作示范、观看技术图片、播放正确技术动作影片等多种形式、方法，加深学生对排球运动技术动作的认知。

③充分利用学生的视觉、听觉、动作感觉，使学生建立良好的排球运动技术动作定型。

④结合直观性的教学教具和准确的语言讲解，启发学生思维，使学生能举一反三，提高学习效率。

3. 安全教学原则

安全是体育活动参与的一个重要课题。安全教学原则是排球运动教学开展的重要基础。排球运动以身体练习为主，由于多种不同负荷、技术难度的身体练习存在不安全因素，体育教师应注意确保学生的运动安全。虽然无法完全避免这种安全隐患，但应尽量减少和避免意外伤害事故的发生。

高校排球教学的安全教学原则具有如下要求。

①排球教学开始前，周密考虑各种隐患并做好相应预案。

②排球教学开始前，对学生进行安全意识教育。

③教学过程中，应注意观察学生的运动情况。

④做好突发情况的应急预案，一旦发生运动安全问题，及时地冷静处理。

⑤课后及时地全面总结，为下次课提供经验，杜绝安全隐患的存在。

4. 以学生为本原则

在高校排球教学过程中，要注重以学生为本的原则。在制订教学目标时，应充分考虑到教学过程的主体是学生，并以这一原则为指导来促进学生的自主学习和发展，培养他们的创新精神和竞争条件下的合作意识。

在高校排球教学中，学生的主体性主要体现在教学中，学生要积极主动地投入学习中去，同时构建一种人性化的排球教学环境，将传统排球教学"让我学""让我练"的模式转化为"我要学""我要练"的模式。而人性化教学的另一个主要内容是教学者的主导作用。教学者在教学的过程中要做到理解学生，并尽量表现出友好和对学生负责的态度；在讲解的过程中要有条不紊；教学设计要富有想象力；自身也应具有亲切和热忱的良好情感品质，这样才能为学生所接受和爱戴。同时，还要求教学者善于掌握不同年龄、不同性别学生的生理、心理特征，注意教学的系统性和计划性，选择具有实用性的教学方法，兼顾娱乐性和竞技性，使学生产生积极的情感体验。

5. 学生可接受性原则

在进行排球教学时，首先要考虑学生的可接受能力，并根据其来确定教学内容的难度和顺序。因此，在制订教学目标时，必须依据目标难度与动机之间的关系理论，并保持适宜的难度。

通常情况下，教学者都会依据特定的教材来安排教学。在选择教学内容时，就要考虑到教材本身具有的逻辑顺序，注意教材内容的各组成要素之间是否具有科学合理的逻辑关系。若将其置于具体的排球教学活动中，就应当是先讲授理论知识，再讲授基本技术，然后是各种技术的组合应用。在学生具备了一定技术能力基础之后再进行一些战术的讲解，最后使学生将排球运动的各种要素进行组合并灵活运用。如果是讲解单一的技术动作，一个技术动作也是由多个不同的单一动作结构组合而成的，每个动作结构又具备不同的细节特征和相应的知识。因此，排球技术教学应多采用分解教学法，先进行基本知识的教学、基本动作的教授，进而将分解动作进行整合，并在组合的过程中注重每一个细节的衔接，使完整的技术动作能够有效地运用。与此同时，根据排球动作技术特点，在学习排球技术时应从准备姿势开始，依次学习击球手型、击球点等。

在对教学手段进行选择时，应该遵循人类认知过程的普遍规律和运动技能形成原理，练习的过程应先从徒手无球的模仿练习开始，再到有球的实战练习。教学者在教学时应先对学生进行诱导再辅助他们进行练习，由不使用球网到使用球网,由简单条件下的比赛逐步过渡到复杂条件下的竞赛操作方式。

6. 采取恰当教学方法和手段的原则

对于排球运动的初学者来说,对运动知觉(如对球的本体感觉)和球在空中运行的时空感知等状况的辨别、判断的比重很大,然而随着学习的深入,这种比重随着学生对技战术掌握的逐步深入而有逐渐减少的趋势。虽然在学习后期,肌肉运动时的直觉能力取代了视觉的判断,但是,后期在判断上对视觉的依赖程度与初期相比有所增强。在这时,如果能使视觉发挥更为有效的作用,则可以使技术动作完成得更加标准。

因此,在进行排球技战术的教学时,应优先选择运用完整与分解示范、正误对比示范、边讲解边示范以及照片、电影、录像、投影等现代化的多媒体教学手段,为学生建立清晰的运动表象,使他们更好地掌握技术动作。

(三)排球教学的设计

1. 科学制订课程目标

课程目标的制订确实对整个教学过程有着深远的影响。它不仅决定着教学内容的选择,还影响着教学组织、教学手段、教学方法以及教学质量的测量和评价。因此,制订科学合理的课程目标是非常关键的。对于排球课程来说,其教学目标应该不仅仅局限于教授学生排球的基本知识和技能,而应该更加注重学生的全面发展。

2. 合理选编教材

教材是课程教学的重要载体。在高校排球教学中,教材的选择需要从两个层面来考虑。

首先,教材的选择要有利于学生提高理论知识水平和运动技能。这意味着教材的内容应该涵盖排球运动的基本规则、技巧和战术,同时也要注重理论与实践的结合,以便学生能够更好地理解和应用所学知识。

其次,教材的选择需要符合学生的身心特点,满足学生当下与未来的体育需要。教材的内容应该具有趣味性和挑战性,以吸引学生的注意力,同时也要考虑到学生的个体差异和不同需求。此外,教材的内容还应该包括一些具有实用性的技能和战术,以便学生能够在未来的生活和比赛中应用。

3. 潜心安排教学组织形式

在高校体育教学中,从宏观上按学生的体育兴趣进行分班教学的组织形式已得到了广大体育教师的赞同。其基本形式如下。一是按学生运动能力水平将教学班分为优秀组与普通组，教师将教学的主要精力放在普通组，对该组学生进行强化教学，从而使学生更加积极、主动地学习。与此同时，适当兼顾优秀组，给他们提出更高的要求。每次课进行动作技术测评，按测评的结果对两个班的学生实行动态升降。二是进行互补分组教学。例如，在背向双手垫球技术的教学中，教师首先进行讲解和示范，让学生了解技术的要领。然后，学生进行一段时间的自抛、自垫练习，以轻力量为主，逐渐熟悉技术动作。接下来，学生进行几人一组的练习，轮流担当"小教师"，为其他学生提供反馈信息，形成相互监督、鼓励和共同进步的良好学习氛围。

4. 精心设计练习手段

在排球动作技术教学中，练习手段的安排是否合理对教学效果的好坏有着举足轻重的影响。练习手段的设计既要考虑使用时的递进性，又要考虑实用性。例如，在教授扣球技术的挥击动作时，通过采用递增网高的练习方法，可以获得显著的教学效果。原因在于，在最初较低网的练习中，学生能够将注意力集中在挥击动作上，从中体验到"一锤定音"的乐趣，从而激发他们的积极性和主动性。一旦学生基本掌握了动作要领，就可以逐渐升高网的高度，让学生在经过努力后，能够充分发挥自己的水平。

5. 培养学生的参与意识

当代大学生对体育有着独特的理解和追求，他们的体育意识呈现出个性化和鉴赏性较高的特点。为了满足他们的需求，排球课程的教学内容需要进行相应的调整和拓展。

首先，要从传统的6人制室内竞技排球的框架中解放出来。这种单一的、以竞技为中心的排球形式，虽然在一定程度上能够培养学生的技能和战术意识，但同时也可能让学生感到压力和疲惫，从而对排球产生距离感。

其次，应引入更多元的排球运动形式，如软式排球、气排球、墙排球、沙滩排球等娱乐排球。这些排球形式更注重参与性和娱乐性，能够满足学生多样化的需求和动机。例如，软式排球和气排球等轻型排球，适合初学者和娱乐排球爱好者，可以降低学习排球的门槛，增强排球的普及性和参与性。墙排球则是一种室内排球形式，可以在有限的空间内进行，适合学校和社区的排球推广。沙滩排球则是一种户外运动，可以让学生体验户外排球的魅力。

只有当多元化的排球运动形式可以迎合学生学习排球的多种动机与需求

时，学生参与排球运动的意识才会得到增强。这样不仅可以提高学生的身体素质和运动技能，还可以培养他们对排球的兴趣和热爱，进一步提高他们的参与度。

二、排球科学训练

（一）排球运动基本技术

1. 准备姿势和移动

排球运动项目最基本的技术就是准备姿势和移动，上述两项内容都是无球技术的展示，是排球运动项目的重要基础与前提，能促进各项有球技术的完成，如传球技术、发球技术、点球技术、扣球技术与拦网技术等，同时，还能够作为纽带，串联各种有球技术。在高校排球运动项目中，其准备姿势同移动相辅相成，准备姿势的目的是移动，如果想要实现快速移动，就必须先做好准备姿势。

（1）半蹲准备姿势

在排球运动项目中，最为基本的一种准备姿势，也是比较常见的准备姿势就是半蹲准备姿势。该姿势要求练习者两腿的膝盖微微弯曲，双脚抵地。

（2）移动

在排球运动项目中，移动的意义在于及时接好球，同时将人和球之间的位置关系保持好，为击球动作做好准备。比较常见的有以下几种步法。

①交叉步。在排球运动项目开展的过程中，交叉步移动的基础和条件是来球与练习者的体侧存在三米左右的距离。交叉步移动具有步幅大、动作快的显著特点。

如果使用向右侧的交叉步的时候，需要稍微向右倾斜上体，左脚从右脚前面交叉迈出一步，之后右脚跨出一大步向右边，同时使身体向来球方向转动，并保持击球之前的姿势。

②并步与滑步。在排球运动项目开展的过程中，如果练习者身体同球之间的距离是一步左右的话，那么就能够使用并步移动。在移动过程中，如移动向前，前脚应向来球方向跨出一步，后脚踏地跟上。如果来球同练习者之间的距离较远，仅仅使用并步是不能接近球的，这时可以使用快速的连续并步。连续并步也被称作滑步。

移动包含的步法不只有交叉步、并步、滑步，还有跨步、跑步、跨跳步等。

2. 发球

在排球运动项目开展的过程中，所谓的发球主要是指在发球区域，练习者将自己抛起来的球用一只手向对方场地直接击入的动作。作为排球运动项目的一种基本技术，发球也作为一种重要的进攻性技术广泛地运用于排球比赛中。排球运动的不断发展，也促进了发球技术的持续创新与提高。

（1）正面下手发球

动作要领：面对球网，两脚前后开立，左脚在前，两膝微屈，上体稍前倾，重心偏于右脚，左手持球于腹前。发球时将球抛起在体前右侧，离手约20厘米高。抛球前，右臂伸直，以肩为轴向后摆动。击球时，右脚踏地，身体重心随着右手向前摆动击球移至前脚上，在腹前以手掌击球的后下方。手触球时，手指手腕保持一定的紧张度，手成勺形。击球后，迅速进入场地。

（2）侧面下手发球

动作要领：左肩朝向球网，两脚左右开立，与肩同宽。两膝微屈，上体前倾，重心落在两脚之间，左手持球于腹前。发球时，左手把球平稳抛送于胸前，距身体约一臂远，离手约30厘米高。抛球的同时，右臂摆至右侧后下方，接着利用右脚踏地向左转体的力量带动右臂向前上方摆动，在腹前用全掌击球的右下方。

（3）正面上手发飘球

动作要领：击球前的动作与正面上手发球相同，只是抛球稍低、不旋转球。挥臂时由后向前做直线加速挥摆，用掌根或半握拳击球的后下部，用力要突然、短促，使作用力通过球体中心，使球在飞行中不旋转并产生飘晃。击球后手臂做出突停、下拖、突停回收或平砍等动作，这样可以发出不同性质的飘球。

3. 传球

传球是排球运动中的一项关键技术，传球的目的是将来球传至指定目标，通常是将球传给自己的队友，以组织进攻或进行其他战术。

（1）正面传球

动作要领：传球时拇指、食指和中指承担球的压力，其余手指触球两侧协助控制球。手触球的瞬间手指和手腕应保持一定的紧张程度，利用球的弹力和伸臂与脚踏地的协调力量传球。

（2）侧向传球

动作要领：身体不转动，主要靠双臂向侧方伸展的传球动作叫侧传。侧传有一定的隐蔽性，准备姿势和迎球动作与正面传球相同，击球点保持在脸前或稍偏于出球方向一侧，一侧手臂要低一些，另一侧手臂要高一些。用力时，踏地后上体要向出球方向倾斜。双臂向球传出一侧用力伸展，异侧手臂动作幅度较大，伸展较快。

（3）跳传

动作要领：跳起在空中传球叫跳传。跳传在当前的排球比赛中已被大量运用，有的优秀运动员甚至把跳传作为主要的传球方式，这是因为跳传的击球点较高，能有效地缩短传扣的时间间隔，保证快速进攻战术的实施。同时，跳传还能够与两次球进攻战术联系在一起，因此，具有较大的迷惑性。

跳传的起跳动作无论是原地起跳还是助跑起跳，最好都要向上垂直起跳，保持好身体的平衡。当身体上升到最高点时，靠迅速伸臂以及加大指腕力量将球传出。跳传可以正传、背传和侧传，其传球手形、击球点基本与正传、背传、侧传的手形和击球点相同。

4. 垫球

垫球是排球运动中的一项基本技术。它是一种通过使用手臂或身体其他部位使来球从垫击面上反弹出去的击球动作。垫球通常用于接低传、拦网以及自救等情况。它的目的是通过正确的动作和力量控制，使来球以适当的角度和速度反弹。垫球需要球员具备准确的球路判断能力和灵敏的反应速度，同时，球员还需要具备稳定的平衡能力和正确的身体姿势，以保证垫球动作的准确性和稳定性。

5. 扣球

扣球指队员跳起在空中用一只手或手臂将本方场区上空高于球网上沿的球击入对方场区的一种击球方法。扣球是排球比赛中最积极、最有效的进攻手段，是得分的主要方法。扣球是完成全队战术配合、决定胜负的关键技术。

（1）正面扣球

在排球运动中，最基本的扣球技术是正面扣球，只有掌握了正面扣球的基础动作，才能学习和掌握其他难度大的扣球技术。

（2）勾手扣球

在起跳后，左肩对网，通过转体动作，带动右臂向左上方挥动击球的一种方法。这种扣球适合于由后排调整过来的球。它可以扩大击球范围，并能弥补起跳过早或冲在球前起跳的缺陷。

（3）单脚起跳扣球

单脚起跳扣球是指助跑的最后一步以单脚踏地，另一只脚直接向前上方摆动帮助起跳的一种扣球方法。现代排球中大量采用各种冲跳扣球，使得这种扣球方式有了新的发展前景。

6. 拦网

拦网是指在球网附近的队员，将手伸得高于球网上沿，以阻挡对方击过来的球，是排球的基本技术之一。

（1）单人拦网

①准备姿势：面对球网，两脚左右开立，约与肩同宽，距球网 30～40 厘米。两膝稍屈，肘屈置于胸前。

②移动：为了及时对准扣球点，一般情况下采用与网平行的移动，常用的移动步法有并步、滑步、交叉步、跑步。

③起跳：原地起跳时重心降低，两膝弯曲用力，同时两臂在体侧屈肘做划弧线摆动，使身体垂直起跳。起跳的时机应根据对方的扣球变化而有所不同，一般应比扣球队员起跳晚半拍，但拦快球时应与扣球者同时起跳。

④空中击球：拦网时，两臂贴耳垂直，两肩上提，两手距离不能超过球的半径，并要尽量接近球的上空。拦网时手指自然张开，手腕略后仰，手指微屈，分开呈勺型，以便包住球。当手触球时，两肩上送，两手要突然紧张，手腕用力下压，盖住球的前上方，将球拦在对方场内。

⑤落地：拦网后要正面对网屈膝，缓冲落地。若未拦到或拦起球在本方时，则应在身体下落时向落球方向转体，以便于后撤接应或反攻。

（2）集体拦网

集体拦网有双人拦网和三人拦网两种，集体拦网技术动作除要符合个人拦网技术要求外，还应注意互相配合。

①集体拦网要明确以谁为主，其他人协调配合。

②起跳时应避免互相冲撞或干扰。

③起跳后，手臂在空中既不要互相重叠，又不能间隔太大，以免造成拦击面小而漏球。

④高矮不同的队员要加强配合。

⑤身高较高、弹跳力强或拦网好的队员，应安排到拦网的重要区域，或对准对方的主攻者。

（3）学练方法

①徒手原地模仿拦网动作，体会拦网的伸臂和拦击球动作。

②网前做原地起跳徒手拦网动作。

③网前两人一组，隔网相对，做并步、交叉步等徒手移动拦网动作。要求移动迅速，两人密切配合。

④两人一组，徒手移动配合拦网。

⑤网前三人站在本方高台上，分别持球在本区上空网上沿，多人在对方网前轮流移动拦网。要求起跳后在空中压腕"盖帽"并触球。

（二）排球运动科学训练

1. 排球运动训练内容

排球运动训练的基本内容是技术训练、战术训练和身体训练。

（1）技术训练

排球基本技术有发球、垫球、传球、扣球、拦网和准备姿势与移动等。准备姿势与移动是排球运动中运用最多的基本技术，是完成发球、垫球、传球、扣球和拦网等各项技术的前提和基础，并对各项击球技术动作的应用起串联作用。

在排球比赛中，各项基本技术之间是相互衔接、制约和促进的。一项技术的运用完成意味着另一项技术运用的开始，而在比赛中，情况千变万化，需要运动员将排球技术应用到十分娴熟的程度。为了使排球技术得以完善和发展，运动员必须进行大量与实战结合的技术串联训练。这意味着他们需要将各种技术组合在一起，在比赛场上实践和应用，以适应真实比赛中的各种变化和挑战。只有将技术训练与实战相结合，运动员才能更好地应对比赛中的变化。通过实战训练，他们能够增强对比赛情况的适应能力，并在紧张的比赛环境中展现出更高水平的排球技术。

（2）战术训练

现代排球战术训练是围绕着实战进行的，因此，必须根据排球比赛的规律，进行系统的战术训练。过去从理论上把战术笼统地分为进攻战术和防守战术。但从训练的角度看，从实战着眼，根据比赛中从对方传过来球的形式将战术分为四种系统更为合理。四种从对方传过来的球：发过来的球，扣（吊）过来的球，拦过来的球和垫过来的球。接好这四种来球并且组织好进攻，是排球战术训练的主要内容。通常称接发球组织进攻系统为"一攻"战术系统；称接扣球组织进攻系统为"防反"战术系统；称接拦回球组织进攻系统为"保攻"战术系统；称接垫球组织进攻系统为"推攻"战术系统。

在排球基础训练与专项提高阶段的训练中要抓好"一攻"和"防反"这两个

主要系统的训练。如果这四个战术系统都训练有素，就可以为取得比赛胜利奠定良好基础。我国排球战术训练的内容，基本上是按照这四个战术系统进行安排的。

（3）身体训练

我国排球运动员身体训练的基本内容，分为基本身体素质训练和专项身体素质训练。

基本身体素质训练指一般身体素质的训练。一般身体素质的训练采用多种多样的训练方法和手段，致力于发展运动员的力量、速度、灵活性、协调性、柔韧性和耐力等方面的机能能力，全面提高他们的身体素质，为更好地参加排球训练打下良好基础。

专项素质训练是指有效地发展与排球运动有关的身体机能能力的训练。

2. 排球运动训练方法

排球技战术训练中经常采用的训练法，可以归纳为九大类，即重复训练法、变换训练法、串联训练法、系统训练法、综合训练法、对抗训练法、竞赛训练法、极限训练法和恢复训练法。这是根据排球战术体系来分类的。在采用这九类训练法时，还可以根据参加人员的多少和运用器材设备的多少，派生出各种不同的训练形式。

采用的训练法恰当，可以得到理想的训练效果。为了便于选用，下面分别对各训练法进行介绍。

（1）重复训练法

在排球技、战术训练课中，不止一次地采用同样的方法和手段，以期达到熟练、巩固和提高的目的，这种训练的形式称为重复训练法。这种训练法的特点在于符合掌握排球技战术的规律。因为各项技、战术，特别是基本技术和战术，不论运动员水平的高低，都必须反复练习。重复训练法则使某项技术或战术的训练相对集中，容易形成条件反射。重复训练法在训练形式上虽然前后相同，但安排过多时也会使运动员感到枯燥。随着技术水平的变化和新情况的出现，在具体要求上也应有所不同，否则会影响技术的提高或使队员感到枯燥。

（2）变换训练法

在排球技战术训练中，前后采用两种或多种不同的具体训练法来完成同样的训练任务的训练形式称为变换训练法。这是排球技战术训练中常采用的训练法。它更能适应排球实战中出现的多种复杂情况，也能适应不同水平运动员的训练，使运动员感到新鲜，从而提高积极性。

（3）串联训练法

把各种技术有机地串联在一起进行训练的形式称为串联训练法。在训练中只注意单项技术，忽略各项技术的有机串联，就不能适应实际比赛的需要。所以，这是排球技战术训练的主要训练法之一。

串联训练法的特点是上一个技术动作要为下一个技术动作做准备，并使技术动作之间带有战术意识的联系，成为一种战术的组成部分。

串联训练法包括对抗和配合两种形式。隔网两边的技术串联训练是对抗的训练形式，如扣、拦串联，扣、防串联，发、垫串联等。但在训练时也可以不通过网进行对抗。接来自同伴的各种球则属于配合的串联训练，如一传二传串联，二传扣球串联等。但在训练时也可以通过一个动作给后一个动作制造各种困难，使之适应，以提高配合的水平。

实际的串联训练中，则经常采用既有对抗又有配合的训练方法。如扣—防—调串联训练：扣—防是对抗性串联，扣可以为防制造各种困难条件，以提高防的能力；防—调是配合性串联，防要为调创造有利的条件。这种串联训练的作用是在重点提高防守技术的同时也相应提高扣和调的技术。

由于串联训练法中包括对抗和配合等战术因素，故串联训练既是技术训练，又是战术训练。在运用这种训练法时应注意发挥这两方面的训练作用，做到一举两得。在设计各种串联训练时，应按照比赛的规律，使之更接近实战要求，从而提高训练效果。

（4）系统训练法

这里所谓的系统是指排球"四攻"战术系统。当串联训练的项目增加到能完成某一种战术系统的训练时，就把这种串联训练称为系统训练法。

系统训练法更进一步接近比赛的实际。不论运动队的水平高与低，在参加比赛之前都应当进行这种系统训练。但要注意控制对立面的威胁力，使之既有训练难度，又不至于练不起来。同时，对水平高的运动队就要树立发球强的对立面，而且要求战术组成率和扣死率更高，对水平低的运动队就要控制发球威力，对组成进攻的质量、效果等也不能要求过高。

系统训练法要在简单的技术串联训练的基础上进行，哪一个环节的串联不好都会影响系统训练的质量。因此，系统训练也是各种串联训练水平的检验。发现哪一环节的串联水平跟不上，就应单独地从系统训练中抽出来加强环节串联训练。

（5）综合训练法

综合是指两个或两个以上的战术系统的结合，把不同的战术系统结合起来进行训练就叫综合训练法。例如，把"一攻"和"保攻"结合起来训练，"一攻"被拦后马上进行"保攻"系统的训练；又比如把"防反"与"推攻"结合起来训练，对方攻时练"防反"，对方不能攻时练"推攻"；或者把"四攻"战术系统都结合起来进行训练。

综合训练法更接近比赛的实践。特别是把"四攻"战术系统都结合起来的综合训练最接近实战，虽不是实际比赛，但有时能达到实际比赛所不能达到的效果。因为综合训练常常以一边训练为主，另一边则假设为对立面，故能有意识地增强对立面的威胁力，或加大训练的密度，或加快攻防转换的速度和节奏，使主要训练的一边得到更好的训练效果。

（6）对抗训练法

对抗训练法是一种训练形式，可以用来提高排球运动员的竞技能力。

对抗训练法可以包括以下形式。

①模拟比赛对抗。运动员可以进行模拟比赛，与对手进行对抗训练。这可以帮助运动员更好地适应比赛环境，并提高他们的竞技水平。

②技术对抗。通过与对手进行技术对抗，如拦网对抗、扣球对抗等，让运动员在对抗中提高自己的技术水平。

③策略对抗。在对抗训练中，可以通过模拟各种比赛情景，让运动员学会应对不同的对手和局势，增强他们的战术和策略意识。

④强度对抗。逐渐增加对抗训练的强度和难度，让运动员在高强度的对抗中锻炼身体。

⑤集体对抗。进行团队对抗训练，让整个队伍的运动员之间互相配合，提高团队的协作能力和整体实力。

（7）竞赛训练法

凡是要分出胜负的对抗性训练都可看作竞赛训练。这种训练方法对运动员在正式比赛中发挥出正常的水平、克服临赛紧张情绪都有特殊的意义。模拟比赛是竞赛训练法中最切合实战的训练形式，整个过程有助于提高队员的训练兴趣和积极性，使运动员的技术、战术水平和心理状态更接近实战要求。但是，不要用比赛训练来代替正常的训练。

（8）极限训练法

极限训练法指在一段时间内让运动员竭尽全力的一种训练方法。极限训练法对培养运动员的意志品质，提高专项耐力素质意义重大。

(9) 恢复训练法

阶段性的紧张训练之后，或激烈的大比赛之后，都需要进行一段时期的恢复训练。并且运动员伤病之后也需恢复，为此在技术、战术训练上所采取的相应的训练方法称为恢复训练法。恢复训练一般是进行运动量的调整，它主要使运动员能在前一阶段大运动量训练的基础上达到超量恢复，迎接即将来临的比赛或下一阶段的训练。

第四节 健美操教学与科学训练

一、健美操教学

（一）健美操教学的问题

结合目前健美操教学的实际开展情况，可以发现目前的教学活动还存在一些明显的短板，未能跟上教育发展的趋势。

1. 健美操教学的信息化程度不高

信息化教学是目前社会发展的一个整体趋势。运用信息技术，构建起信息化的教学模式，对教育教学具有重要意义。然而，目前在健美操的教学中，对信息技术的利用不充分，大多时候都是一台音响用到课堂结束。

2. 课堂模式单调，不能体现学生的主体性

从目前健美操教学的具体开展情况来看，课堂教学模式以"教师讲解示范、学生模仿练习"这样一个套路为主。在这样的一种教学模式之下，学生的主体性就很弱，课堂由教师主导，学生的学习行为全部听教师指挥。这样一来，学生就很难发挥自身的学习主动性。

3. 健美操教学活动缺乏层次性

虽然选修健美操的学生很多，但是实际上这些学生的健美操水平并不一样。有的学生可能学习过健美操，有了一定的基础；而有的学生可能是从零开始，基础薄弱。另外，学生的身体素质也不一样，有的学生柔韧性好、律动感强；而有的学生身体素质一般，也缺乏律动感，这样要想学好健美操，难度就比较大。鉴于这样的情况，教师应该对学生实施层次化的教学和指导，有针对性地教育学生。

不过,目前健美操课堂教学还处在统一化的模式当中,并未体现出学生的差异性,这就会影响教学效果。

(二)健美操教学的原则

1. 循序渐进原则

循序渐进原则是指在健美操教学内容、教学顺序上要进行科学的安排,逐步深化,同时在运动量及能力培养上也应遵循循序渐进的原则。

贯彻此原则应注意以下几点。①教材安排应由易到难、由简到繁、由单个动作到组合动作最后到成套操。②教学步骤一般应遵循由简到繁、由易到难,由原地练习到移动的练习。由单个动作到单节操再到成套操,音乐节拍由慢节奏到正常节奏这样一个循序渐进的过程。③运动量安排应由小到大,小中大相结合,使其按"适应—加大—再适应—再加大"有节奏地螺旋式上升。练习量必须根据学生的素质水平、技术水平及接受能力等实际情况安排,不能操之过急,违背循序渐进的原则。④能力培养应循序渐进地贯穿在整个教学过程中。学生在学习和掌握动作技术、技能的同时,各种能力也应逐步得到相应发展。

2. 身体全面发展原则

人体各器官系统是相互联系、相互制约的。健美操对于全面地提高身体素质有积极的作用。在健美操教学中应重视学生身体的全面发展,促进其掌握各种动作技术,保证教学任务的顺利完成。

贯彻此原则应注意以下几点。第一,在制订教学计划时,应注意各类动作的搭配,使学生身体得到全面发展。第二,在安排每次教学课的内容时,应注意运动量的合理性,使身体各部位都能得到全面的锻炼。

二、健美操科学训练

(一)健美操运动科学训练方法

1. 健美操动作技术训练方法

(1)想象训练法

想象训练法是指学生在练习前通过对健美操动作技术要领的想象,在大脑皮层中留下技术动作形象,然后在具体的训练中对这些形象进行激活,使健美操技术动作完成得更为顺畅的一种训练方法。学生在运用想象训练法进行训练时,要结合各种感觉,即在大脑想象动作技术时,同步地与机体的各种感觉相结合,把想象变成动作实践。

（2）完整与分解训练法

完整训练法是指学生将健美操动作技术从开始到结束完整地进行练习，从而掌握健美操动作技术的训练方法，其优点在于能够帮助学生建立完整的技术动作概念，适用于不宜分解的动作技术训练。分解训练法是指将一个技术动作分成若干个环节分别进行练习的方法，其优点是可以降低训练难度、增强学生学习健美操的信心，适用于复杂的成套技术动作训练。

（3）减难与加难训练法

健美操动作技术训练中以低于健美操运动专项要求的难度进行训练的方法就是减难训练法；健美操动作技术训练中以高于健美操运动专项要求的难度进行训练的方法就是加难训练法。

健美操减难训练法主要应用于健美操训练的初期；健美操加难训练法因对学生的综合素质要求较高，所以在训练实践中较少采用。

2. 健美操比赛心理训练方法

在健美操的比赛中，运动员动作技能的发挥受心理因素的影响。因此，在日常的健美操训练中应注意对学生进行适当的心理干预，重视心理训练。学生的心理素质的提高需通过具体的训练方法来实现，具体包括以下几种。

（1）表演训练法

健美操表演训练法是指让学生经常参加各种表演活动，在实践中提高学生的表现力，从而克服在比赛中紧张、害怕的心理。健美操的表演训练多安排在阶段训练的后期和比赛前期。

（2）模拟训练法

健美操的模拟训练法是一种特殊的训练方法，旨在让学生在类似比赛的条件和环境下进行训练，以便更好地适应健美操比赛的要求。这种训练方法主要有以下几个方面的作用。

①培养良好的心理状态。通过模拟比赛条件和环境，学生可以更好地适应比赛时的心理状态，如紧张、兴奋和焦虑等。这有助于学生在实际比赛中保持冷静、稳定和自信的心态。

②提高自我控制和调节的能力。模拟训练可以让学生面对各种比赛情况和压力，从而锻炼他们的自我控制和调节能力。学生可以通过模拟训练，学会如何在比赛中调整心态、控制情绪，并做出正确的决策和反应。

③提高适应能力。通过模拟比赛,学生可以更好地适应比赛的规则、要求和节奏,从而提高他们在实际比赛中的适应能力。这有助于学生更好地发挥自己的水平,取得更好的比赛成绩。

④锻炼团队合作能力。模拟训练可以培养他们的团队合作能力和协作精神。

值得注意的是,健美操的模拟训练法应该贯穿于学生平时的训练之中。在日常训练中适当地增加学生的心理压力,制造紧张的比赛气氛,使学生在模拟训练中及时进入角色,体验真正的比赛心理。

(二)健美操运动科学训练内容

1. 力量素质的训练

(1)力量训练方法的分类

在竞技健美操专项素质的训练中,力量是完成高难度动作的关键,是运动生必备的重要基础素质。在完成起跳、转体落地、支撑、落地成俯卧撑、姿态控制等专项技术动作时,需要多个部位、不同形式的力量来保证完成动作。在训练中,力量分为动力性力量和静力性力量,动力性力量包括不同表现形式的最大力量、速度力量(快速力量)、耐力力量和相对力量,其中速度力量是重点。动力性力量训练方法主要由强度(负荷重量)、组数、每组重复次数、每组间歇时间等要素组成,包含了众多的内容。动力性力量训练方法可分为:①克制训练法(重复法、强度法、极限强度法、快速用力法);②退让训练法;③超等长训练法;④等动训练法。

(2)力量训练的技术动作

力量训练技术动作的选择可以采用克服外部阻力的练习或以自身体重为基础的练习,克服外部阻力的练习可利用杠铃、哑铃或器械,以自身体重为基础的练习可结合大量专项技术动作进行。

上肢力量训练技术动作,以窄距卧推、夹肘俯卧撑、臂屈伸等动作发展肱三头肌力量;以弯举动作发展肱二头肌、肱肌力量,以上推举、侧平举等动作发展三角肌力量;以负重腕屈伸、旋腕练习动作发展前臂的屈伸肌群力量。在克服自身重量的练习中,可采用不同形式的俯卧撑发展上肢推撑力量,如俯卧撑击掌倒立推、推小车、自由倒地成俯卧撑、跳起成俯卧撑等动作形式。

下肢力量训练技术动作,以负重蹲起(跳)、腿屈伸、腿举等动作发展以股四头肌为主动肌、臀大肌为主要协同肌的肌肉力量;以器械腿弯举等动作发展以股二头肌、半腱肌、半膜肌为主动肌的后群肌肉;以负重提踵为主要动作发展小腿腓肠肌和比目鱼肌力量；以仰卧臀上挺为主要动作发展臀部肌肉力量。在克服自身重量的练习中，以各种纵跳跳深、屈体分腿跳、科萨克跳、吸腿跳等发展下肢力量；以各种前侧、后侧快速踢腿和旋踢腿发展髋关节的动力性力量。

以卧推、飞鸟、俯卧撑、双杠臂屈伸等发展胸大肌力量；以硬拉、下拉、引体向上为主要动作发展背阔肌、斜方肌、大圆肌、小圆肌等背部肌群的力量；以仰卧起坐、两头起、悬垂举腿、仰卧转体、负重转体、悬垂转体、俯卧挺身等动作发展腹部和腰部动力性力量；以控腹、仰卧挺身控制等静力性练习发展腰腹部的静力性力量。

2. 柔韧素质的训练

（1）柔韧素质训练方法的分类

柔韧素质训练的目的是提高胯骨关节的肌肉、肌腱、韧带等软组织的伸展性。发展柔韧素质的训练方法主要有两种，即主动性拉伸练习和被动性拉伸练习。

主动性拉伸练习是运动生依靠自己的力量，通过与关节有关联的肌肉的主动收缩来提高关节灵活性的练习，可分为主动的动力性拉伸练习和主动的静力性拉伸练习。主动的动力性拉伸练习是运动生依靠自己的力量，将肌肉、肌腱、韧带等软组织拉长，提高其伸展性的练习；主动的静力性拉伸练习是运动生在动作保持最大幅度的情况下，依靠自身肌肉力量保持静止姿势的练习。

被动性拉伸练习是依靠外力作用提高关节灵活性的练习，也可分为被动的动力性拉伸练习和被动的静力性拉伸练习两类。被动的动力性拉伸练习是依靠教练员或同伴的助力拉长韧带、肌肉的练习；被动的静力性拉伸练习是由外力来保持固定姿势的练习。

柔韧素质的训练，在负荷强度上一般采用中等强度，以运动生主观感受为依据，根据年龄、性别、技术要求特点和不同训练阶段的任务灵活安排。

（2）柔韧素质训练的部位及方法手段

竞技健美操要求全身的多个关节、部位都具备良好的柔韧性，包括肩、胸、腰、腿部、踝关节等。肩部柔韧性练习动作主要有压、拉、吊、转等几种形式，如压肩、拉肩、吊肩、转肩等；胸部柔韧性练习动作主要是压胸；腰部柔韧性练习可采用甩腰、仰卧成桥等动作；腿部柔韧性练习主要发展腿部前、侧、后的各组肌群伸展和快速收缩的能力，主要采用压、踢、开、控、劈等腿部动作方式；踝关节主要用坐姿或跪姿压脚背的方法提高其柔韧性。

3. 协调及灵敏素质的训练

竞技健美操的灵敏素质主要表现为身体的协调能力。协调能力是指运动时机体各器官系统、各运动部位配合一致的能力。竞技健美操项目对人体协调能力的要求较高，要求运动生能自如地操控自己的身体，迅速、准确、协调、高效地完成动作，把力量、速度、耐力、柔韧性、节奏感等素质，通过熟练的动作表现出来。影响灵敏素质提高的主要因素有：感觉器官机能，运动经验和技术储备，其他运动素质发展水平，以及性别、体型、疲劳程度等。在竞技健美操训练中，应以各关节的灵活运动为基础，先进行针对单个关节或单个基本动作的训练，逐步加大难度，过渡到多关节协同的训练，促进协调素质的发展。

第七章 高校体育科学训练的运动处方与损伤预防

在高校体育科学训练中，运动处方的制订和损伤预防是关键环节。运动处方是根据个体的特点和需求，制订的一系列科学合理的运动计划，以提高学生的身体素质和运动技能。损伤预防则是为了保护学生的健康和安全，避免运动中的潜在伤害。本章围绕高校体育科学训练中的运动处方、高校体育科学训练中的损伤预防等内容展开研究。

第一节 高校体育科学训练中的运动处方

一、运动处方概述

（一）运动处方的概念

运动处方是 20 世纪 50 年代由美国生理学家卡波维奇提出的，它是指导人们有目的、有计划地进行锻炼的一种重要方式。运动处方是根据个人的身体状况和健康需求来设计的，因此在制订运动处方时需要充分考虑个人的健康状况和目标。医生、康复治疗师、社会体育指导员或体育工作者会对个体进行全面评估，通过包括身体检查、测试和问卷调查等方法，以了解个体的健康状况和运动能力。

（二）运动处方的特点

1. **个体化**

在制订运动处方之前首先要通过了解锻炼者的年龄、性别、个人健康信息、体育活动的经历、医学检查信息，以及体质测试结果，如心肺耐力、身体成分、肌肉力量、肌肉耐力、柔韧性等，综合判断锻炼者的健康状态、有无疾病或危因素等具体情况之后，再有针对性地对运动处方进行制订。

2. 安全有效

根据运动处方有计划地进行身体锻炼，可以以较短的时间、适宜的运动负荷获得较为显著的锻炼效果，有效提高锻炼者的身体机能，达到预防和治疗某种慢性疾病的目的；同时，可显著降低运动伤病的发生率，达到事半功倍的效果。

（三）运动处方的分类

按照不同的运动目的，可以将运动处方分为以下几种。

1. 健身运动处方

健身运动处方是指不同年龄、不同性别、不同职业的健康人群以增强体质、预防疾病、提高健康水平为目的进行锻炼时所依据的运动处方。由于此类运动处方主要以提高心肺功能为目的，所以常采用低强度、较长时间的有氧运动。

2. 健美运动处方

健美运动处方是指健美者以改善和塑造身体形态为目的进行锻炼时所依据的运动处方。通过健美运动，男子可以塑造健美的形体，女子可以培养高雅的气质和风度。

3. 竞技运动处方

竞技运动处方是指运动员按照自己的实际情况进行科学训练，旨在通过科学的训练提高自身的身体素质和运动技术水平。

4. 康复运动处方

康复运动处方是指某些患有疾病的患者或进行外伤治疗的康复病人，为使锻炼更加定量化和更具针对性，从而达到治疗疾病、提高康复效果目的所依据的运动处方，如心血管疾病的康复锻炼等。这种处方常与其他治疗和康复的方式结合起来应用。根据所锻炼的器官系统，可以将康复运动处方分为以下两种。

（1）心脏体疗锻炼运动处方

它以提高心肺功能为主，主要用于冠心病、高血压、糖尿病、肥胖症等内脏器官疾病的防治。

（2）运动器官体疗锻炼运动处方

它以改善肢体功能为主，用于各种原因引起的运动器官功能障碍的治疗，以及畸形的矫正等。

二、运动处方的拟制

一般来讲，运动处方的拟制需要健康调查与评价、运动试验和体质测试等几个步骤来完成。各个步骤的实施必须结合锻炼者的实际情况。通过实施这几个步骤，可以大体上了解锻炼者的健康状况、体力水平和运动能力等。

（一）健康调查与评价

运动处方的拟制首先需要进行健康调查与评价，目的是了解锻炼者的基本健康状况和运动情况，具体包括以下几种情况。

①病史及健康状况：既往病史、现有疾病、身高、体重、目前的健康状况、疾病的诊断和治疗情况等。

②运动史：锻炼者的运动经历、运动爱好和特长，过往运动锻炼中是否发生过运动损伤等。

③运动目的：了解锻炼者的运动目的和动机，对通过运动来改善健康状况的期望等。

④社会环境条件：锻炼者的生活条件、学习及工作环境、可利用的运动设施等。

（二）运动试验

运动试验能够为运动处方的制订提供依据，但要根据试验的目的和被试验者的具体情况而定。

随着时代的不断发展，运动试验的应用范围也越来越广。目前，在运动试验中常采用逐级递增运动负荷的方法，在测定时，采用跑台和功率自行车。递增负荷运动试验是指在试验的过程中，逐渐增加负荷强度，同时测定某些生理指标，直到受试者达到一定运动强度的一种运动耐量试验[①]。

（三）体质测试

在运动处方中，体质测试是选择运动项目、确定运动强度、制订运动处方的重要依据。体质测试主要包括以下内容。

1. 运动系统测试

运动系统测试主要是肌肉力量的测试，主要包括手法肌力测试和围度测试两种。

---

① 许成成. 数字化体能在运动训练中的应用研究 [J]. 体育风尚，2019（7）：25-26.

①手法肌力测试。让测试者在适当的位置，肌肉做最大的收缩，使关节远端做自下向上的运动，同时由测试者施加阻力或助力，以此观察测试者对抗地心引力或阻力的情况。

②围度测试。这种测试的指标主要有上臂围度、前臂围度、大腿围度、小腿围度、肝骨上5厘米的围度、臀骨上10厘米的围度等。

2. 心血管系统测试

心血管系统测试主要分为静态检查和动态检查两种。测试的指标主要有心率、血压、心电图等。通过心血管系统测试，可以有效测试出测试者的心脏功能，帮助其制订科学的运动处方。

3. 呼吸系统测试

呼吸系统测试的内容有很多，主要包括肺活量测定、通气功能检查、呼出气体分析、屏气试验、日常生活能力评定等。呼吸系统测试可以有效地测试人体的运动能力，对于一些有氧运动项目而言，呼吸系统的功能十分重要。所以，进行呼吸系统测试是非常有必要的。

4. 有氧耐力测验

有氧耐力测验的内容主要包括走、跑、游泳三种方式，目前常采用的测试方式有定运动时间的耐力跑和定运动距离的耐力跑。

三、运动处方的实施

运动处方的拟制和实施的过程是一门科学，同时也是一门艺术。运动处方实施的过程，实际上就是运动锻炼的过程。在运动锻炼过程中要遵循训练学的原理，遵循训练的基本原则，同时更需要监督运动训练的过程，避免出现机体异常的现象。

（一）运动处方实施的组成部分

一次运动锻炼的组成，一般包含准备活动、正式锻炼、整理运动三部分。

1. 准备活动

准备活动是在正式锻炼以前锻炼机体循环系统和运动系统之间的协作关系，其目的是克服内脏器官的生理惰性。主要作用有以下几种：降低肌肉的黏滞性，提高肌肉收缩和舒张速度，增强肌肉力量；增加肌肉的氧供应量；提高机体内酶的活性，提高物质代谢水平，保证在运动中有较充足的能量供应；升高体温，可以提高中枢神经系统和肌肉组织的兴奋性，同时，体温升高使肌肉的伸展性、柔韧性和弹性增强，从而预防运动损伤。

准备活动的目标应具有多向性，使锻炼者从生理和心理两方面为即将参加的运动做好充分的准备。

2. 正式锻炼

正式锻炼是达到锻炼目标的主要手段，它必须保持适宜的强度和运动量。在进行正式锻炼时，应该根据自己的身体状况和健康目标选择适当的运动强度和运动量。如果运动量太小，运动的刺激不足以促进肌肉力量和耐力的提升，也不能达到卡路里消耗和脂肪燃烧的效果。因此，在确定运动计划时，应该根据个体的身体状况和健康目标，选择适宜的运动强度和运动量。另外，如果运动强度和量过大，可能会产生副作用并增加受伤的风险。过度的运动负荷可能会导致肌肉疲劳、关节炎症或其他运动损伤。因此，应该根据自己的身体状况和体能水平进行合理的运动调整，避免过度劳累。

3. 整理运动

在正式锻炼完成后进行整理运动是非常重要的。整理运动的主要目的是消除机体疲劳并加速机体的恢复。这可以帮助全身血液重新分配，促进运动代谢产物的排出，减少肌肉的延迟性酸痛，并预防重力性休克的发生。通常整理运动应该包括一些动力性活动，如轻松的慢跑或其他有节奏的运动。这些活动可以帮助调整心血管和呼吸系统的功能，并促进血液循环，以达到身体的恢复。这个过程通常持续3到5分钟。此外，静力性的牵拉练习也是整理运动的重要组成部分。这些练习可以对参与运动的肌肉进行牵拉、伸展和放松，从而有效缓解肌肉的紧张和痉挛，加速肌肉功能的恢复，并预防延迟性肌肉酸痛的发生。由此可见，运动后做整理运动非常必要。

（二）运动处方实施进度划分

锻炼者的健身运动进度大致可分为起始期、改进期及维持期三个阶段。

1. 起始期

这一阶段要求从事较轻的体力活动与运动锻炼，以减少锻炼者的不适与疼痛，并减少运动伤害。锻炼者开始运动时出现的身体不适与疼痛，多数是与机体生理无法适应有关。可以通过客观和主观的一些指标使锻炼者调整其运动强度，运动强度依据锻炼者的身体评估结果确定，而后逐渐加大运动强度。一般大学生起始期的持续时间为 4～6 周，但如锻炼者的体适能较差或年龄较大，持续的时间要延长。锻炼者如果身体健康状况不佳或有病理症状，可以开展间歇性的运动。运动一段时间后，再休息一段时间，如此反复，建立运动目标（目标要合理）。

2. 改进期

持续的时间为 4～5 个月。在此阶段锻炼者体适能提高的幅度比较大。运动持续时间每 2～3 周要相应增加。对于体适能较差或有疾病症状的锻炼者需要更长的时间来适应。有症状的锻炼者在起始期使用间歇式的有氧运动，逐渐适应后，变为连续性的运动，应该在改善阶段完成这一过程。一次持续运动时间在 20～30 分钟时，可以考虑加大锻炼者的运动强度。

3. 维持期

锻炼者在开始运动锻炼约 6 个月以后，体适能进入稳定期，锻炼者的心肺功能、肌肉耐力、柔韧性等达到一个较高的水准，训练效果已明显地显示出来。锻炼者对运动健身已适应，基本养成了运动锻炼的习惯。此时，锻炼者只需保持相同的训练量，使其体适能维持在这个标准上。

四、运动处方的监控

在参与体育训练时，锻炼者的身体会产生一定的疲劳现象，这属于正常的运动综合症状，不会对机体产生危害，所以不能因为身体有疲劳现象就终止训练。机体会通过肌肉疲劳与恢复的过程来促进机体功能的增强，提高机体的健康水平。但也不能过度训练，因过度训练而产生的过度疲劳对身体是没有益处的。所以，在实施运动处方的过程中，一定要采取必要的方法或措施进行自我监督和医务监督。

（一）自我监督

在进行体育训练时，要根据自身的体质状况、运动基础、自身优势及综合参与运动的计划来选择合适的运动项目。在训练过程中，为了让运动更好地促进健康，一定要随时观察自身的健康状态和机体的功能状态。具体的观察项目有主观感觉类的如运动心情、运动后的感觉、运动后的食欲、排汗量等，客观类的观察项目有运动后脉搏的跳动状态及运动效果等。

（二）医务监督

在参与实施运动处方时，如果本身患有疾病，不可以不经过医生的指导而盲目参与运动，一定要在具有心电监测、抢救医生的条件下参与体育训练[①]。

五、高校不同体育运动训练下的运动处方

（一）提高有氧耐力的运动处方

1. 运动目的

改善心肺功能，提高有氧耐力，增强体质。

2. 运动项目

有氧慢跑、游泳、登山、骑自行车。

3. 运动时间

①身体健康且经常参加锻炼的大学生，每次持续运动时间为 30～40 分钟。

②从未参加过运动锻炼或者身体虚弱的大学生，锻炼初级阶段要适当减少每次运动的时间，当身体适应后再逐渐增加。

4. 运动频率

通常一周 3 次或隔日 1 次，每周运动总时间不得低于 80 分钟。

5. 注意事项

①要避免在 22：00 至 8：00 这段时间进行运动，因为这段时间血液黏度增加。
②要充分做好准备活动。
③掌握好呼吸节奏。
④冬天运动时要注意保暖。
⑤患病时要注意休息。
⑥运动时要注意安全，防止运动损伤。

（二）提高肌肉力量的运动处方

1. 运动目的

增强全身的肌肉力量。

2. 运动项目

①适合锻炼上肢的运动项目：单杠垂体引体向上、双杠支撑臂屈伸。
②适合锻炼腹部的运动项目：仰卧起坐、俯卧挺身。

---

① 郡行辉. 大学生体育保健课实施运动处方的教学研究 [J]. 河南职工医学院学报，2010，22（3）：287-289.

③适合锻炼下肢的运动项目：蛙跳、单脚跳、深蹲。

3. 运动时间

20 次×（3～5）组。

4. 运动强度

①运动心率控制：130～150 次/分钟。
②代谢强度：中到大。
③用力级别：70%～80%。

5. 运动频率

每周 2～3 次。

6. 注意事项

①防止过度疲劳。
②不要长时间憋气，呼吸与动作均要保持一定的节奏。
③按照上肢到干到下肢的顺序，不专做同一部位的练习。

第二节 高校体育科学训练中的损伤预防

积极预防运动损伤对于参加体育锻炼的人们来说至关重要，它有助于增强体质，促进身心健康。在高校体育科学训练过程中，如果不重视运动损伤的预防工作并未采取积极的预防措施，将可能发生各类伤害事故。这些事故轻则影响学习和工作，重则可能导致残疾甚至危及生命，并对心理健康产生不良影响。因此，积极预防运动损伤对于广泛开展群众性体育活动、体育教学和运动训练都具有重要的意义。

一、运动性损伤的概念与分类

（一）运动性损伤的概念

运动性损伤是指运动过程中发生的各种损伤。运动性损伤的危害较大，不仅可能使运动员无法正常地进行训练和比赛，还有可能导致运动员残疾或失去生命。此外，在发生运动性损伤后，运动员会产生心理阴影，从而影响体育运动的正常进行。因此，在高校体育训练中，教练员必须熟悉和掌握运动损伤防治的基本知识。

（二）运动性损伤的分类

1. 按损伤的程度分类

按照损伤发生后组织器官的破坏程度，以及对运动能力和全身功能影响的大小，分为轻度、中度和重度损伤。

（1）轻度损伤

日常活动正常，不影响工作，未丧失运动能力，尚能进行运动和训练，仅在运动时感觉不适。解剖结构无明显或只有可逆性微小损害，愈后良好。确认轻伤者，允许按计划进行训练，或应急处理后继续比赛，有时需在保护下进行。

（2）中度损伤

24 小时以上不能工作，对日常生活活动有一定影响，并导致部分运动能力丧失，无法完成大部分训练内容。长时间不进行运动会导致肌肉力量和耐力的下降，关节灵活性和稳定性的减弱，心血管和呼吸系统功能的下降等。此外，长时间卧床休息可能导致骨骼肌肉的萎缩和功能障碍等解剖结构上的可逆性损害。

确认中度损伤者，短时间内（2周以内）应暂停或减少伤部专项训练，积极治疗，在保护下开始恢复训练。

（3）重度损伤

运动损伤严重时，可能会妨碍日常生活，丧失运动能力，甚至无法进行正常的训练。此时，解剖结构也会有较大程度的破坏。

确认重度损伤者，一般需要完全停训并住院接受专科治疗，较长时间（4周以上）无法恢复训练或比赛。

在运动实践中由于伤病的复杂性，一般意义上的轻、中度损伤，治疗和训练上会有相应的特殊处理。所以，确定损伤的轻重程度，还应按照专项运动的技术战术特点，由医生、运动员和教练共同确定其是否对训练或比赛有明显的影响。制订评定指标，有利于估计损伤后果和提出预防及训练安排措施。如青少年运动员早期的关节软骨损伤，虽然损伤程度较轻，也不妨碍日常生活，但往往会严重影响运动训练，一旦出现，即使是轻度损伤，也应引起重视，减少相应部位的专项运动训练量，并及时治疗。

2. 按损伤后的时间分类

（1）急性损伤

急性损伤往往指发生损伤的早期阶段，也被称为新鲜损伤。对于骨折脱位而言，一般在损伤发生后的2周内都被归类为急性损伤。而对于软组织损伤来说，损伤发生后的 3 天内被视为急性期，而 3 天至 2 周之间被视为亚急性期（功能恢复期），通常 2 周以后则被视为慢性期。如果急性期的损伤处理不当，或者发生误诊、误治，不仅会使损伤变得慢性化，还可能导致损伤组织结构的改变，从而影响功能。所以，重视软组织损伤急性期的治疗，在软组织损伤的治疗中非常重要。

（2）慢性损伤

在运动损伤中，慢性损伤较多，常由以下两种情况引起。

①急性期处理不当，伤后治疗不及时，或者伤病未愈，过早进行锻炼都会引起慢性损伤。一般急性损伤 2 周后，进入慢性期，又称陈旧性损伤。后者可能成为诱发再次急性损伤的因素。

②劳损，系长期细微损伤积累所致。由于训练安排不当，局部训练过度或负荷量过大而逐渐发生。长期反复的细微损伤积累可以引发可察觉的损伤。这类损伤看似较轻，但往往经久不愈，会严重影响训练和比赛成绩，若出现急性发作或继发性损伤则可能导致严重后果。如足球运动员中多发的"足球踝"，即一种慢性的损伤性骨关节炎。在篮球、排球等运动中，由于长期反复的细微损伤积累而引发的髌腱末端病和髌腱腱围炎等，也属于这种情况。

3. 按与运动训练技术的关系分类

（1）运动训练技术伤

运动训练技术伤害与运动训练技术的特点密切相关。大部分伤害是由过度劳累引起的，少数是急性伤，如投掷动作导致的肱骨螺旋骨折，空翻等动作造成踝关节过度伸展后由于爆发性用力导致的跟腱断裂等。尤其应该注意的是，有许多运动训练技术伤，虽仅在大运动量训练时才出现疼痛，日常活动并不受影响，属轻伤范畴，但会严重影响运动训练及运动成绩的提高，甚至影响运动寿命。由此可见科学训练和医务监督是防治运动损伤十分重要的环节。

（2）非运动训练技术伤

与运动训练技术无明显关联的损伤多为意外伤。对于这类损伤，我们应该高度重视预防工作，制订完善的比赛规则和采取防护措施是预防严重意外伤害事件的关键。

4. 按损伤皮肤、黏膜的完整性分类

皮肤是覆盖人体表面的组织，在运动中很容易受到暴力而受伤。当受伤部位的皮肤或黏膜保持完整，而深层组织没有暴露在外时，称之为闭合性损伤。而当受伤部位的皮肤或黏膜破损，甚至伤及深层组织，使其与外界相通时，称之为开

放性损伤。这类损伤很容易导致感染的并发症。

5. 按损伤性质分类

致伤的原因与运动损伤的病理改变密切相关，所以按此分类的方法较为常用。

（1）扭伤

扭伤是体育运动中最常见的损伤之一。当关节的被动活动超过正常的解剖学范围时，会导致关节周围的结构（如肌腱、韧带和滑膜）受到牵拉，从而可能发生撕裂或断裂的情况。这种情况被称为扭伤。扭伤通常发生在关节受到外力作用时，如踝关节的内翻或外翻。这种扭转运动可能导致周围的韧带受到损伤，从而引起疼痛、肿胀、关节不稳定和功能受限等症状。在严重的情况下，可能需要进行进一步的医学检查和治疗，包括影像学检查和物理治疗。在高校体育科学训练中，扭伤是最常见的损伤。

（2）挫伤

钝性器械的打击或其他外力的直接作用，会对皮下软组织、肌肉、韧带或其他组织造成损伤。通常情况下，伤处的皮肤完整无损或只有轻微损伤，这种损伤被称为挫伤。挫伤的严重程度根据组织所受到的压力和内出血的程度来判断。早期临床症状包括伤处肿胀和局部压痛。随后，皮肤会逐渐呈现青紫色，皮下出现瘀血。在严重情况下，挫伤可能会导致肌肉组织的损伤并形成深部血肿。

（3）拉伤

肌肉拉伤指的是肌肉、筋膜或肌腱附近的组织在受到拉伸性外力时局部撕裂或完全断裂。这种损伤主要出现在肌腱移行部位或肌腹，表现为肌纤维或肌腱结构的不同程度损伤。轻度肌肉拉伤只有少量肌纤维断裂，最明显的表现是因过度牵拉而引起的肌肉痉挛和收缩反应。中度肌肉拉伤是部分肌纤维断裂，肌力可能没有明显降低。而重度肌肉拉伤是指肌肉完全断裂，往往伴有肌肉功能损伤和血肿。在自然愈合过程中，会形成血肿并被吸收，但也可能发生纤维组织再生，形成瘢痕组织。

（4）骨折与脱位

骨折是指骨头的连续性或完整性被破坏。根据骨折端是否与外界相通，骨折可分为开放性和闭合性两种，闭合性骨折又包括一般性骨折和疲劳性骨折。脱位是指构成关节的骨头对合面的正常解剖结构异常改变，发生移位。通常还伴随着关节周围的韧带、肌腱的损伤以及关节功能的受限。根据关节移位的程度，可以将关节脱位分为全脱位和半脱位。全脱位是指关节面完全移位，而半脱位则是关节面部分移位。

6. 按损伤的组织结构分类

人体各部位的组织器官有各自的结构和功能特点，伤后病理改变亦各不相同，需区别对待。人体运动系统除骨骼以外的肌肉、肌腱、韧带、筋膜、滑膜和关节囊等组织，以及周围神经、血管的损伤，称为软组织损伤，在运动损伤中损伤率最高；肌肉、肌腱、韧带、筋膜、滑囊和关节囊急慢性损伤的主要病理改变，表现为结缔组织的损伤性炎症；关节软骨的急性损伤多为切削伤、旋转挤压伤和撞击伤等，而慢性损伤主要为软骨的退行性改变；最常见的运动性骨组织损伤包括疲劳性骨膜炎、疲劳性骨折、撕脱骨折、螺旋骨折和短骨骨折等；运动性神经组织损伤以牵拉、压迫和粘连等原因致伤多见，完全断裂较少见；其他组织器官损伤包括内脏器官损伤、眼挫伤、齿损伤、冻伤和烧伤等。

二、运动性损伤的发生原因

在进行高校体育科学训练的过程中，大学生往往受到某些因素的影响而发生运动性损伤。尽管运动性损伤的类别有很多，但大部分运动损伤是可以预防的。所以，只要学生了解运动性损伤产生的原因，并采取相应的措施，便能减少或避免运动性损伤的发生。

（一）外在原因

1. 科学训练水平不高

主要表现在许多新大学生锻炼者在进行技术动作训练时动作不规范、不合理，主动肌与对抗肌收缩不协调，以及自我保护能力较差等。

2. 慢性劳损

慢性劳损是大学生锻炼者身体局部过度活动、长期负重，或某部受到持续、反复的外力作用而产成的慢性积累性损伤。这种损伤一般会发生在老运动员中。在人的腰部及反复受到牵拉作用的髌骨部位，最容易发生慢性劳损，并且很难治愈。另外，慢性劳损还与不科学的运动训练、新伤的不彻底治疗及反复受伤有关。

3. 场地、器材条件

在高校体育科学训练中，场地、器材不适宜也是产生运动性损伤的一个重要原因。例如，场地滑或粗糙、灯光不适宜等很容易造成运动者摔伤。另外，运动者服装或鞋袜不合适也会导致发生意外伤害事故。所以,应该高度重视运动场地和器材条件。

(二)内在原因

1. 缺乏充分的准备活动和整理活动

准备活动对于预防运动伤害非常重要。适当的热身可以提高肌肉和关节的柔韧性,促进血液流动,从而减少受伤的风险。

2. 运动者生物学机能状态不佳

运动者在生物学机能状态不佳的情况下进行运动或训练,也是导致运动性损伤的一个重要原因。例如,在过度训练、疾病、生物周期性低潮期、女运动者经期等情况下进行运动或训练,运动者通常很难集中精力,从而导致动作协调性下降,肌肉、关节的本体感受性降低,竞技状态低下,进而导致运动性损伤的发生。另外,在高校体育科学训练中,如果强度太大、运动量太大,也容易造成心血管、呼吸等系统的"内伤"。

3. 肌肉收缩力下降

在大学生锻炼者中,比较常见的是由肌肉收缩力引发的损伤。这类损伤出现的原因主要是运动者的技术动作僵硬不合理、主动肌群与被动肌群收缩不协调,或身体大、小肌群的力量不匹配等。在这种情况下,所受的损伤大多为撕裂伤或拉伤,累及部位多为肌腹、肌肉与肌腱的过渡部位以及肌腱附着处。

三、运动性损伤的一般规律

(一)轻度运动损伤多

轻度运动损伤是指伤后能按原计划进行训练的损伤,发生率较高。由于这类轻度运动损伤多属于运动技术伤,虽损伤程度较轻,也不妨碍日常生活,但往往会严重影响运动训练和运动成绩的提高。一旦出现,即使是轻度损伤,也应引起高度重视,减少相应部位的专项运动训练量,并及时治疗[1]。

轻度伤的治愈标准不能满足于症状的消除,而应努力恢复到伤前的运动水平。

---

[1] 窦德志. 军体训练中常见运动损伤的原因及预防措施[J]. 武警学院学报,2009,25(5):60–62.

（二）软组织损伤多

运动损伤以软组织损伤较为多见。软组织损伤以肌肉、筋膜、肌腱、腱鞘、韧带和关节囊损伤最多，其次是关节软骨、半月板和肩袖损伤。

（三）慢性损伤多

在运动损伤中，慢性损伤较多，而且与运动项目的特点有着密切的关系。慢性损伤是指多次细微损伤积累而成的损伤，或由急性损伤处理不当转化而来。导致慢性损伤的原因很多：训练安排不当，局部训练过度或负荷量过大；急性损伤治疗不及时，伤病未彻底治愈而过早参加训练比赛都会形成慢性损伤，如胫骨疲劳性骨折、胫骨疲劳性骨膜炎、髌骨劳损、足球踝和慢性腱鞘炎等。

（四）复合损伤多

坚持长年训练的专业运动员往往有多处复合损伤；初涉运动或缺乏科学指导盲目自练的人，特别是青少年大学生，也会此伤未愈，彼伤又起，导致复合损伤较多。

（五）复发率高

损伤的复发是体育运动训练中的一个十分重要的问题。慢性损伤与运动训练方法及技术动作的密切联系，是运动损伤复发率高的主要原因。严重的损伤多次发生及复发的频率加快很常见，这些主要是伤者在功能恢复期间对损伤不重视或进行了不恰当的治疗引起的。另外，如果伤者带伤坚持训练，不仅损伤得不到彻底治疗，还必然引起复发。忍受疼痛这种不屈不挠的精神值得夸奖，但认为这才是勇士的行为则是大错特错的。这样的想法不仅对运动员，甚至对教练员来说也是有害的。

受伤的运动员在重返运动场之前，要考虑多种因素，包括受伤的种类、从事的体育项目、潜在的危险性、运动员的年龄及性格等。如果伤者过早地返回运动场，伤病复发的概率及引起身体其他部位发生损伤的概率非常高。虽然有些运动员对疼痛的忍耐度较高，能忍痛参加训练或比赛，但疼痛会破坏已经建立的正确技术动作和（或）形成错误的技术定型，将对其运动成绩的提高极为不利，同时还会埋下再次受伤或增加新损伤的隐患。伤病是否已经恢复，不能单纯凭主观意志来决定，而要用客观的评价标准来判定。

四、运动性损伤的预防措施

为减少或避免运动性损伤的发生,需在运动之前采取相应的预防措施,进行积极预防。通过对众多体育训练项目的多方面分析,找出导致运动性损伤发生的原因,进而采取合理有效的措施,降低发生损伤的概率。

(一)加强安全教育

部分学生因对运动损伤认识不够或者在平时训练时没有按照科学的方法开展运动而产生损伤,还有一些主客观因素(器材隐患、气候条件、技术掌握不全面等)导致的事故引发的无法预料和避免的损伤。因此,在平时教学和课外锻炼中,教师要贯彻预防为主的方针,多渠道加强安全教育。

(二)全面准确了解自身状况

在做预防工作之前,运动者必须对自身的健康状况进行全面的了解。了解自身的健康状况可以从体检和向有关专家咨询两个方面着手,这样能够有效地避免或减少因身体条件所造成的运动损伤。

在进行运动之前,做好充分的准备活动可以提高中枢神经系统的兴奋性,使其达到适宜的水平,克服各种不良习惯,特别是克服植物性神经机能的惰性。因此,要恢复全身各关节肌肉的力量和弹性,并重新建立因休息而减弱的条件反射联系,以便为正式运动做好充分的准备。需要注意的是,准备活动的运动量和活动内容应根据具体的气候条件、个人各器官系统的功能状况以及运动项目的情况来确定。

(三)运动以提高身体素质为目的

在出现的运动损伤中,大部分是由运动者体能或体力差而引起的,所以运动者在运动前应当按照自身的具体条件来调节运动情绪、运动负荷及运动时间等。运动者可以按照自身的爱好来发展自身的能力,提高身体素质。这样不仅可以有效地防止运动损伤的发生,还可以提高自身的身体素质,提高自身对体育运动的喜爱程度。

(四)对抗性的运动锻炼时需要互助

在体育训练项目中,对抗性的运动较多,因而很容易发生冲突、摔倒等现象。对此,运动者应该掌握自我保护的运动技巧,以防止出现损伤或减轻损伤的程度。例如,平时多向教师请教运动损伤的处理方法,并学会互相救助的方法,避免出现较大的损伤。互助也是一种重要的防护措施,在一些激烈的比赛中,由于人员的情绪高涨,很容易出现粗野的动作,出现损伤的概率也就相应地增加,所以在运动中要有运动安全意识和良好的体育道德,以减少那些人为因素产生的损伤。

(五)加强医务监督与运动场地安全卫生的管理

在进行运动时,大学生锻炼者自身要做好自我医务监督,当发现身体有不良反应时,要认真分析原因,并采取必要的保健措施。除此之外,对运动场地、器械设备及个人的防护用具要做好认真检查和管理工作,不要在不符合体育卫生要求的场地上或穿着不符合体育卫生要求的服装、鞋子进行运动等。

五、各类体育运动训练中的损伤与预防

(一)田径运动

田径运动包括跑步、跳远、投掷和竞走。这些运动中常见到不同性质和程度的创伤。同时,田径运动中还可能发生其他运动中较为罕见的过度紧张状态和重力性休克,即在急跑后突然停止时,由于心脏失去肌肉活动帮助血液回流的作用,导致心脏和大脑缺血,引发休克症状。

1. 短跑运动

(1)常见创伤

短跑中较少出现创伤,但是常见的外伤包括大腿后部屈肌拉伤、足踝腱鞘炎、跟腱纤维撕裂或断裂、跟腱腱围炎等。此外,赛跑时如果突然急停,可能会导致髂前上棘断裂、踝关节和膝关节扭伤、大脚趾种子骨骨折等。有时,起跑坑未垫平也可能导致受伤。为了减少短跑中的受伤风险,应该加强全面的训练,包括力量和灵活性训练,并注意技术动作的正确性。同时,使用合适的鞋子和护具等保护装置也是非常必要的。

(2)预防措施

应有针对性地、有目的地培养大腿前后肌群的实力,并按照一定的比例进行发展,以提升肌肉的弹性和力量。同时,为了确保全面的肌肉发展,还应合理安排足尖跑、后蹬跑、碎步跑等不同跑步方式的训练。在开始任何训练之前,充分的准备活动可以有效预防肌肉拉伤等问题。而训练结束后,应充分地放松肌肉以减轻肌肉疲劳,避免过度使用带来的伤害。选择一双稳定且能提供足够支撑的跑

鞋，可以保护脚部免受伤害，同时要确保在跑步过程中的稳定性。

2. 中长跑运动

（1）常见创伤

虽然外伤情况相对较少，但过度紧张症状可能会出现。过多进行下肢训练时，有时会导致胫腓骨疲劳性骨膜炎或骨折。在长跑过程中，摔倒可能会导致擦伤，但有时也可能因为倒在跑道边沿或道边的板牌上而发生骨折。曾经发生过使用钉鞋时被刺伤的情况。在马拉松比赛期间，由于跑步距离过长，大学生运动员常常出现会阴部及尿道口擦伤、胫前肌腱鞘炎以及足趾挤压伤等的情况。

（2）预防措施

要穿着合适的运动服装、鞋子；会阴部和大腿根部可涂些凡士林以防皮肤擦伤；选择松软的道路进行跑步训练，合理调整运动量，注意跑的动作。

3. 跨栏运动

（1）常见创伤

跨栏最易发生大腿后肌肉拉伤、腰痛及髌骨软骨病等。

（2）预防措施

应注意训练制度的安排，跨跳姿势的矫正，以及跨栏的安放位置及方向。加强大腿后群肌肉的伸展性练习，做好准备活动，是预防肌肉拉伤的积极措施。

4. 跳高、跳远、三级跳和撑竿跳运动

（1）常见创伤

常见的外伤包括踝关节韧带损伤或骨折、足跟挫伤、膝关节的韧带和半月板损伤、前臂骨折以及肩部挫伤。这些创伤的发生通常与以下情况有关：如在助跑时撞到别人、跑道不平或太滑、沙坑太硬或有石块，以及坑沿太高。还有一些案例显示，跳高落地时肩部撞地会导致肩锁关节分离。撑竿跳除了上述创伤外，还可能因竿折断或落地不正确而导致头部和脊柱受伤，尽管这种情况较为罕见。

（2）预防措施

要正确掌握技术动作，训练前要认真检查沙坑、跑道。撑竿跳训练前认真检查竿的质量，起跳后要注意头部保护。

5. 投掷运动

（1）常见创伤

投掷项目常见的损伤是肩、肘关节的肌肉、韧带损伤，严重者还可以引起肱骨骨折，主要是投掷技术动作不正确引起的。铁饼运动员由于经常在膝关节位置支撑、扭转用力，易引起髌骨劳损。推铅球时，若技术有缺点，球从指间向后滑出，易引起掌指关节扭伤。比如，掷链球最常见的损伤是斜方肌拉伤。

（2）预防措施

预防方法是注意技术动作的正确性，注意控制运动量。

6. 竞走运动

（1）常见创伤

竞走运动中，若运动负荷安排不当，膝关节长时间地在一定范围内做屈伸活动，使膝外侧的髂胫束不断地前后滑动，与股骨外踝反复摩擦，易导致膝外侧滑囊损伤。

（2）预防措施

合理安排训练，避免单一的训练方法，防止局部负荷过大，这是预防创伤性腱鞘炎的主要措施。同时，运动前做好充分的准备活动；运动中或运动后，对负荷较大或易受伤的部位进行局部按摩或热敷，都是好的预防方法。

（二）球类运动

我国球类活动比较普遍，比较受大学生欢迎的有篮球、足球、排球，因此，球类活动引起的创伤也很常见。

1. 篮球运动

（1）常见创伤

常见的创伤通常是跌倒、跳起抢球时落地不正确（踩在别人脚上或被踩）、急停、急转、冲撞，或者是因为场地不平或过滑导致的急性创伤。创伤的程度从轻微的擦伤到严重的骨折或脱位不等。其中，较为常见的包括踝关节韧带的拉伤或骨折、膝关节韧带和半月板损伤、手指挫伤以及腕部舟状骨骨折等。此外，在篮球运动中还可能发生慢性创伤，其中最常影响运动训练和技术发挥的是髌骨软骨病。该病主要是因为滑步进攻和防守、急停和上篮等局部训练过多导致的，应予以重视。

（2）预防措施

为了避免学生受伤的风险，应加强全面训练，避免使用单一的训练方法，并创造符合标准的场地条件。此外，过度疲劳的状态应受到密切关注，以降低发生创伤的可能性。

2. 足球运动

（1）常见创伤

足球是一项创伤发生率较高的运动项目。在这项运动中，损伤的程度从轻微的擦伤到严重的骨折、脱位、内脏破裂不等。除了常见的擦伤和挫伤外，踝关节扭伤是最常见的损伤类型。其次是大腿前后肌肉的拉伤和挫伤，膝关节的损伤也较为常见。

（2）预防措施

除了加强全面训练外，使用各种保护装置也是非常必要的。在训练和比赛时，使用绷带裹踝可以有效地防止踝扭伤和"足球踝"的发生。虽然开始时可能会因为不习惯而感到不太灵活，但长期来看，这可以有效地提高踝关节的灵活性。此外，为了预防肘、膝、小腿挫裂伤，应使用护肘、护膝和护腿等防护装备。这些保护装置可以减轻冲击力，降低受伤的风险，确保运动员的身体健康和安全。

3. 排球运动

（1）常见创伤

排球运动的损伤，主要集中在肩部、肘部和脚腕部。肩部最主要的受伤原因便是在用力击球时，"肘关节"超过了"肩关节"，使得肩部肌肉和韧带被过分拉长。肘部的伤病俗称"网球肘"，其根源是"腕部"活动太多而造成的。人体关节中，脚腕部是最易受伤的关节。

（2）预防措施

应该注意改正错误的技术，遵循训练原则，并改善场地的卫生条件。同时，应使用厚实的护膝和护腰设备。在进行准备活动时，尤其要注意肩、膝、腰、手指和腕关节的活动。

4. 棒球运动

（1）常见创伤

最常见的是肩关节周围的软组织伤、肘骨关节病、肱骨的内踝部骨及肌腱的损伤，以及指挫伤。

（2）预防措施

在每次运动之前必须进行适当的肌肉拉伸活动。棒球运动员的服装应该是合身的且佩戴正确；穿着适当的保护装备，如头盔、手套等；避免劳损，注意训练量和比赛时的不同运动负荷；要求接球手面部戴面具，同时，要求咽喉与胸部之间应该填充保护物；要求每位运动员穿着适当的护具、护踝夹板等。

5. 乒乓球运动

（1）常见创伤

常见的有肩袖损伤、网球肘、肩过度外展综合征以及髌骨软骨病。

（2）预防措施

因人而异地控制运动量，避免"单打一"的训练方法。

6. 网球运动

（1）常见创伤

网球运动因为没有身体接触，受到的伤害程度也许不如足球、篮球等那么严重，最常见的有擦伤、水疱、瘀伤、扭伤、跟腱炎、跟腱断裂、腰疼、网球肘、肩关节疼、肌肉痉挛、肌肉拉伤、踝部韧带拉伤、膝关节疼、半月板损伤等。

（2）预防措施

加强关节力量练习，做好膝关节的保护，如选合适的鞋子、戴护膝。

（三）游泳与跳水运动

游泳与跳水是受人喜爱的体育活动。但是，初学跳水者如果在跳水时不注意安全，很容易发生颈椎损伤事故，甚至导致死亡。

1. 常见创伤

常见的损伤有游泳肩、背部损伤、头部损伤、颈椎损伤、膝关节损伤、耳损伤、手腕损伤、骨折、皮肤疾病、胃肠道疾病等。

2. 预防措施

为确保跳水安全，初学者应重视安全教育，熟练掌握正确跳水及入水技巧。避免在浅水游泳池或未充分了解水底情况的水域，如江河湖泊中进行跳水活动。

此外，练习跳水前的准备活动也必须做充分，要将四肢、腰背、头颈、关节充分活动开。这样可以提高身体的灵活性和协调性，减少跳水过程中可能出现的意外情况。

(四)雪上运动

滑雪运动一般在高低错落的山地环境中展开,其中包括从山顶高速滑降以及跳台滑雪等高难度动作。这些技巧较为复杂,若操作不当,可能导致严重创伤,甚至危及生命。

1. 常见创伤

滑雪运动可能导致各种创伤,其中最常见的是膝关节创伤,其次是踝关节损伤、腰椎骨折。此外,滑雪者还常常发生冻伤。

2. 预防措施

为了预防跳板滑雪时的创伤,必须认真检查场地卫生设备和用具。训练时,应先在小的或教学用的跳板上进行,待有了良好的技术水平后,再在大跳板上练习。为了预防冻伤,必须穿上合适的服装和鞋子。

(五)射击运动

射击的枪种及比赛种类很多,创伤较少。

1. 常见创伤

桡骨茎突腱鞘炎、腰肌劳损和姿势性脊柱侧弯等疾病,以及尺神经麻痹和肩胛上神经麻痹,都较常见。此外,震动性耳聋也时有发生。长时间在寒冷或潮湿的环境中进行练习,以及进行静止性卧位练习,可能会引发关节风湿症。

2. 预防措施

加强一般身体训练,特别是腰肌及上肢的肌力练习;避免一次或多次训练课中单一姿势的射击练习。射击时应使用耳塞,注意保暖。如卧射时应着棉衣,铺厚垫子;做好练习前、中、后的辅助及整理活动。

由于射击是一种较静止的运动,准备活动不能出汗,否则易伤风感冒或引起关节风湿症。另外,在准备活动中,应注意腰肌及上肢的辅助练习。为了消除练习中的静止性疲劳及防止脊柱变形,练习间歇和练习后练体操或太极拳较好。练习后,消除疲劳的内容也可以包括一些活动性游戏。

参考文献

［1］刘丹，赵刚. 青少年足球训练纲要与教法指导［M］. 北京：人民体育出版社，2011.

［2］李翠玲，李吉. 现代竞技体操创新理论与科学化训练探索［M］. 北京：中国水利水电出版社，2014.

［3］刘锦. 现代体育教学体系的建设与发展研究［M］. 北京：中国书籍出版社，2018.

［4］卢永雪，刘通，龙正印. 体育教学技能训练［M］. 成都：电子科技大学出版社，2019.

［5］张淼. 大学生体育训练理论与实践［M］. 天津：天津科学技术出版社，2020.

［6］曹垚. 现代体育教学理论与实践训练探索［M］. 长春：吉林人民出版社，2020.

［7］赵本志. 信息化视野下体育教学发展问题研究［M］. 西安：西北工业大学出版社，2022.

［8］郑保华. 试析体育教学过程的本质特征、规律及一般模式［J］. 江汉大学学报，2003（1）：93-96.

［9］王家政. 普通高校体育教学要贯彻"健康第一"的指导思想［J］. 大同职业技术学院学报，2006（1）：67-68.

［10］梁庆刚. 浅谈运动减肥的健康性［J］. 实用医技杂志，2006（4）：630-631.

［11］王治华，丁攀. 赛艇双桨技术动作的解剖学分析及专项力量训练［J］. 武汉体育学院学报，2006（7）：57-59.

［12］郭阳. 体育教学方法的优化组合［J］. 科教文汇（下旬刊），2008（24）：177.

［13］陈宇杰. 对泰勒目标模式评价的认识与反思 [J]. 考试周刊, 2009（30）: 213–214.

［14］曹菲. 德育理念与体育教学的有效整合 [J]. 唐山师范学院学报, 2009, 31（6）: 148–149.

［15］窦德志. 军体训练中常见运动损伤的原因及预防措施 [J]. 武警学院学报, 2009, 25（5）: 60–62.

［16］毛振明, 李忠诚. 论选择体育教学内容的依据、原则与方法 [J]. 中国学校体育, 2010（3）: 15–18.

［17］鄢行辉. 大学生体育保健课实施运动处方的教学研究 [J]. 河南职工医学院学报, 2010, 22（3）: 287–289.

［18］徐林江, 徐妞灵. 从软式排球课谈高校排球教学改革方式构建 [J]. 运动, 2015（14）: 71–72.

［19］刘书博, 尚献芳. 贵州省黔西南州农村社区体育发展现状研究 [J]. 黑龙江科学, 2018, 9（4）: 20–21.

［20］葛乐. 解析体育课程与体育教学的若干关系 [J]. 知识文库, 2018（2）: 149.

［21］许成成. 数字化体能在运动训练中的应用研究 [J]. 体育风尚, 2019（7）: 25–26.

［22］李德帆, 赖巍. 体育教学设计基本要素及撰写规范 [J]. 运动精品, 2019, 38（8）: 5.